湘西苗族

民间传统文化丛书

苗师通鉴

[第四册]

[第二辑]

石寿贵◎编

中南大学出版社
www.csupress.com.cn

出版说明

罗康隆

　　少数民族文化是中华民族宝贵的文化遗产，是中华文化的重要组成部分，是各民族在几千年历史发展进程中创造的重要文明成果，具有丰富的内涵。搜集、整理、出版少数民族文化丛书，不仅可以为学术研究提供真实可靠的文献资料，同时对继承和发扬各民族的优秀传统文化，振奋民族精神，增强民族团结，促进各民族的发展繁荣，意义深远。随着全球化趋势的加强和现代化进程的加快，我国的文化生态发生了巨大变化，非物质文化遗产受到越来越大的冲击。一些文化遗产正在不断消失，许多传统技艺濒临消亡，大量有历史、文化价值的珍贵实物与资料遭到毁弃或流失境外。加强我国非物质文化遗产的保护已经刻不容缓。

　　苗族是中华民族大家庭中较古老的民族之一，是一个历史悠久且文化内涵独特的民族，也是一个久经磨难的民族。纵观其发展历史，是一个不断迁徙与适应新环境的历史发展过程，也是一个不断改变旧生活环境、适应新生活环境的发展历程。迁徙与适应是苗族命运的历史发展主线，也是造就苗族独特传统文化与坚韧民族精神的起源。由于苗族没有自己独立的文字，其千百年来的历史和精神都是通过苗族文化得以代代相传。苗族传统文化在发展的过程中经历的巨大的历史社会变迁，在一定程度上影响了苗族传统文化原生态保存，这也就使对苗族传统文化的抢救成了一个迫切问题。在实际情况中，其文化特色也是十分丰富生动的。一方面，苗族人民的口头文学是极其发达的，比如内容繁多的传说与民族古歌，是苗族人民世世代代的生存、奋斗、探索的总结，更是苗族人民生活的百科全书。苗族的大量民间传说也是苗族民间文学的重要组成部分，它所蕴含的理论价值体系是深深植入苗族社会的生产、生活中的。另一方面，苗族文化中的象形符号文化也是极其发达的，这些符号成功地传递了苗族文化的信息，从而形成了苗族文化体系的又一特点。苗族人民的生活实践也是苗族传统文化产生的又一来源，形成了一整套的文化生成与执行系统，使苗族人民的文化认同感和族群意识凸显。传统文化存在的意义是一种文化多元性与文化生态多样性的有机结合，对苗族文化的保护，首先就要涉及对苗族民间传统文化的保护。

《湘西苗族民间传统文化丛书》立足苗族东部方言区，从该方言区苗族民间传统文化的原生性出发，聚焦该方言区苗族的独特文化符号，忠实地记录了该方言区苗族的文化事实，着力呈现该方言区苗族的生态、生计与生命形态，揭示出该方言区苗族的生态空间、生产空间、生活空间与苗族文化的相互作用关系。

本套丛书的出版将会对湘西苗族民间传统文化艺术的抢救和保护工作提供指导，也会为民间传统文化艺术的学术理论研究提供有益的帮助，促进民间艺术传习进入学术体系，朝着高等研究体系群整合研究方向发展；其出版将会成为铸牢中华民族共同体意识的文化互鉴素材，成为我国乡村振兴在湘西地区落实的文化素材，成为人类学、民族学、社会学、民俗学等学科在湘西地区的研究素材，成为我国非物质文化遗产——苗族巴代文化遗产保护的宝库。

（作者系吉首大学历史与文化学院院长、湖南省苗学学会第四届会长）

总　序

刘昌刚

　　苗族是一个古老的民族，也是一个世界性的民族。据 2010 年第六次全国人口普查统计，我国苗族有 940 余万人，主要分布在贵州、湖南、云南、四川、广西、湖北、重庆、海南等省区市；国外苗族约有 300 万人，主要分布于越南、老挝、泰国、缅甸、美国、法国、澳大利亚等国家。

一

　　《苗族通史》导论记载：苗族，自古以来，无论是在文臣武将、史官学子的奏章、军录和史、志、考中，还是在游侠商贾、墨客骚人的纪行、见闻和辞、赋、诗里，都被当成一个神秘的"族群"，或贬或褒。在中国历史的悠悠长河中，苗族似一江春水时涨时落，如梦幻仙境时隐时现，整个苗疆，就像一本无字文书，天机不泄。在苗族人生活的大花园中，有着宛如仙境的武陵山、缙云山、梵净山、织金洞、九龙洞以及花果山水帘洞似的黄果树大瀑布等天工杰作；在苗族的民间故事里，有着极古老的蝴蝶妈妈、枫树娘娘、竹筒兄弟、花莲姐妹等类似阿凡提的美丽传说；在苗族的族群里，嫡传着槃瓠（即盘瓠）后世、三苗五族、夜郎子民、楚国臣工；在苗族的习尚中，保留着八卦占卜、易经卜算、古傩祭祀、老君法令和至今仍盛行着的苗父医方、道陵巫术、三峰苗拳……在这个盛产文化精英的民族中，走出了蓝玉、沐英、王宪章等声震全国的名将，还诞生了熊希龄、滕代远、沈从文等政治家、文学家、教育家。闻一多在《伏羲考》一文中认为延维或委蛇指伏羲，是南方苗之神。远古时期居住在东南方的人统称为夷，伏羲是古代夷部落的大首领。苗族人民中确实流传着伏羲和女娲的传说，清初陆次云的《峒溪纤志》载："苗人腊祭曰报草。祭用巫，设女娲、伏羲位。"历史学家芮逸夫在《人类学集刊》上发表的《苗族洪水故事与伏羲、女娲的传说》中说："现代的人类学者经过实地考察，才得到这是苗族传说。据此，苗族全出于伏羲、女娲。他们本为兄妹，遭遇洪水，人烟断绝，仅此二人存。他们在盘古的撮合下，结为夫妇，绵延人类。"闻一多还写过《东皇太一考》，经他考证，苗族里的伏羲就是《九歌》里的东皇太一。

《中国通史》（范文澜著，人民出版社1981年版第1册第19页）载："黄帝族与炎帝族，又与夷族、黎族、苗族的一部分逐渐融合，形成春秋时期称为华族、汉以后称为汉族的初步基础。"远古时代就居住在中国南方的苗、黎、瑶等族，都有传说和神话，可是很少见于记载。一般说来，南方各族中的神话人物是"槃瓠"。三国时徐整作《三五历纪》吸收"槃瓠"入汉族神话，"槃瓠"衍变成开天辟地的盘古氏。

在历史上，苗族为了实现民族平等，屡战屡败，但又屡败屡战，从不屈服。苗族有着悠久、灿烂的文化，为中华文化的形成和发展做出了巨大贡献，在不同的历史阶段，涌现出了许多可歌可泣的英雄人物。

苗族不愧为中华民族中的一个伟大民族，苗族文化是苗族几千年的历史积淀，其丰厚的文化底蕴成就了今天这部灿烂辉煌的历史巨著。苗族确实是一个灾难深重的民族，却又是一个勤劳、善良、富有开拓性与创造性的伟大民族。苗族还是一个世界性的民族，不断开拓和创造着新的历史文化。

历史上公认的是，九黎之苗时期的五大发明是苗族对中国文化的原创性贡献。盛襄子在其《湖南苗史述略·三苗考》中论述道："此族（苗族）为中国之古土著民族，曾建国曰三苗。对于中国文化之贡献约有五端：发明农业，奠定中国基础，一也；神道设教，维系中国人心，二也；观察星象，开辟文化园地，三也；制作兵器，汉人用以征伐，四也；订定刑罚，以辅先王礼制，五也。"

苗族历史可以分为五个时期：先民聚落期（原始社会时期）、拓土立国期（九黎时期至公元前223年楚国灭亡）、苗疆分理期（公元前223年楚国灭亡至1873年咸同起义失败）、民主革命期（1873年咸同起义失败到1949年中华人民共和国成立）、民族区域自治期（1949年中华人民共和国成立至今）。相应地，苗族历史文化大致也可以分为五个时期，且各个时期具有不尽相同的文化特征：第一期以先民聚落期为界，巫山人进化成为现代智人，形成的是原始文化，即高庙文明初期；第二期以九黎、三苗、楚国为标志，属于苗族拓土立国期，形成的是以高庙文明为代表的灿烂辉煌的苗族原典文化；第三期是以苗文化为母本，充分吸收了诸夏文化，特别是儒学思想形成高庙苗族文化；第四期是苗族历史上的民主革命期（1872年咸同起义失败到1949年中华人民共和国成立），形成了以苗族文化为母本，吸收了电学、光学、化学、哲学等基本内容的东土苗汉文化与西洋文化于一体的近现代苗族文化；第五期是苗族进入民族区域自治期（1949年中华人民共和国成立至今），此期形成的是以苗族文化为母本，进一步融合传统文化、西方文化、当代中国先进文化的当代苗族文化。

二

苗族是我国一个古老的人口众多的民族，又是一个世界性的民族。她以其悠久的历史和深厚的文化而著称于世，传承着历史文化、民族精神。由田兵主编的《苗族古歌》，马学良、今旦译注的《苗族史诗》，龙炳文整理译注的《苗族古老话》，是苗族古代的编年史和苗族百科全书，也是苗族最主要的哲学文献。

距今7800—5300年的高庙文明所包含的不仅是一个高庙文化遗址，其同类文化遍布亚洲大陆，其中期虽在建筑、文学和科技等方面不及苏美尔文明辉煌，却比苏美尔文明早2300年，初期文明程度更高，后期又不像苏美尔文明那样中断，是世界上唯一一直绵延不断、发展至今，并最终创造出辉煌华夏文明的人类文明。在高庙文化区域的常德安乡县汤家岗遗址出土有蚩尤出生档案记录盘。

苗族人民口耳相传的"苗族古歌"记载了祖先"蝴蝶妈妈"及蚩尤的出生：蝴蝶妈妈是从枫木心中变出来的。蝴蝶妈妈一生下来就要吃鱼，鱼在哪里？鱼在继尾池。继尾古塘里，鱼儿多着呢！草帽般大的瓢虫，仓柱般粗的泥鳅，穿枋般大的鲤鱼。这里的鱼给她吃，她好喜欢。一次和水上的泡沫"游方"（恋爱）怀孕后生下了12个蛋。后经鹤宇鸟（有的也写成鸡宇鸟）悉心孵养，12年后，生出了雷公、龙、虎、蛇、牛和苗族的祖先姜央（一说是龙、虎、水牛、蛇、蜈蚣、雷和姜央）等12个兄弟。

《山海经·卷十五·大荒南经》中也记载了蚩尤与枫树以及蝴蝶妈妈的不解之缘："有宋山者，有赤蛇，名曰育蛇。有木生山上，名曰枫木。枫木，蚩尤所弃其桎梏，是为枫木。有人方齿虎尾，名曰祖状之尸。"姜央是苗族祖先，蝴蝶自然是苗族始祖了。

澳大利亚人类学家格迪斯说过:"世界上有两个苦难深重而又顽强不屈的民族,他们就是中国的苗族和分散在世界各地的犹太民族。"诚如所言,苗族是一个灾难深重而又自强不息的民族。唯其灾难深重,才能在磨砺中锤炼筋骨,迸发出民族自强不屈的魂灵,撰写出民族文化的鸿篇巨制。近年来,随着国家民族政策的逐步完善,对寄寓在民族学大范畴下的民族历史文化研究逐步深入,苗族作为我国少数民族百花园中的重要一支,其悠远、丰厚的历史足迹与文化遗址逐渐为世人所知。

苗族口耳相传的古歌记载,苗族祖先曾经以树叶为衣、以岩洞或树巢为家、以女性为首领。从当前一些苗族地区的亲属称谓制度中,也可以看出苗族从母权制到父权制、从血缘婚到对偶婚的演变痕迹。诸如此类的种种佐证材料,无不证明着苗族的悠远历史。苗族祖先凭借优越的地理条件,辛勤开拓,先后发明了冶金术和刑罚,他们团结征伐,雄踞东方,强大的部落联盟在史书上被冠以"九黎"之称。苗族历史上闪耀夺目的九黎部落首领是战神蚩尤,他依靠坚兵利甲,纵横南北,威震天下。但是,蚩尤与同时代的炎黄部落逐鹿中原时战败,从此开启了漫长的迁徙逆旅。

总体来看,苗族的迁徙经历了从南到北、从北到南、从东到西、从大江大河到小江小河,乃至栖居于深山老林的迁徙轨迹。五千年前,战败的蚩尤部落大部分南渡黄河,聚集江淮,留下先祖渡"浑水河"的传说。这一支经过休养生息的苗族先人汇聚江淮,披荆斩棘,很快就一扫先祖战败的屈辱和阴霾,组建了强大的三苗集团。然而,历史的车轮总是周而复始的,他们最终还是不敌中原部落的左右夹攻,他们中的一部到达西北并随即南下,进入川、滇、黔边区。三苗主干则被流放崇山,进入鄱阳湖、洞庭湖腹地,秦汉以来不属王化的南蛮主支蔚然成势。夏商春秋战国乃至秦汉以降的历代正史典籍,充斥着云、贵、湘地南蛮不服王化的"斑斑劣迹"。这群发端于蚩尤的苗族后裔,作为中国少数民族的重要代表,深入武陵山脉心脏,抱团行进,男耕女织,互为凭借,势力强大,他们被封建统治阶级称为武陵蛮。据史料记载,东汉以来对武陵蛮的刀兵相加不可胜数,双方各有死伤。自晋至明,苗族在湖北、河南、陕西、云南、江西、湖南、广西、贵州等地辗转往复,与封建统治者进行了长期艰苦卓绝的不屈斗争。清朝及民国,苗族驻扎在云南的一支因战火而大量迁徙至滇西边境和东南亚诸国,进而散发至欧洲、北美、澳大利亚。

苗族遂成为一个世界性的民族!

三

　　苗族同胞在与封建统治者长期的争夺征战中，不断被压缩生存空间，又不断拓展生存空间，从而形成了其民族极为独特的迁徙文化现象。苗族历史上没有文字，却保存有大量的神话传说，他们有感于迁徙繁衍途中的沧桑征程，对天地宇宙产生了原始朴素的哲理认知。每迁徙一地，他们都结合当地实际，丰富、完善本民族文化内涵，从而形成了系列以"蝴蝶""盘瓠""水牛""枫树"为表象的原始图腾文化。苗族虽然没有文字，却有丰富的口传文化，这些口传文化经后人整理，散见于贵州、湖南等地流传的《苗族古歌》《苗族古老话》《苗族史诗》等典籍，它们承载着苗族后人对祖先口耳相传的族源、英雄、历史、文化的再现使命。

　　苗族迁徙的历程是艰辛、苦难的，迁徙途中的光怪陆离却是迷人的。他们善于从迁徙途中寻求生命意义，又从苦难中构建人伦规范，他们赋予迁徙以非同一般的意义。他们充分利用身体、语言、穿戴、图画、建筑等媒介，表达对天地宇宙的认识、对生命意义的理解、对人伦道德的阐述、对生活艺术的想象。于是，基于迁徙现象而产生的苗族文化便变得异常丰富。苗族将天地宇宙挑绣在服饰上，得出了天圆地方的朴素见解；将历史文化唱进歌声里，延续了民族文化一以贯之的坚韧品性；将跋涉足迹画在了岩壁上，应对苦难能始终奋勇不屈。其丰富的内涵、奇特的形式、隐忍的表达，成为这个民族独特的魅力，成为这个民族极具异禀的审美旨趣。从这个层面扩而大之，苗族的历史文化，便具备了一种神秘文化的潜在魅力与内涵支撑。苗族神秘文化最为典型的表现是巴代文化现象。从隐藏的文化内涵因子分析来看，巴代文化实则是苗族生存发展、生产生活、伦理道德、物质精神等文化现象的活态传承。

　　苗族丰富的民族传奇经历造就了其深厚的历史文化，但其不羁的民族精神又使得这个民族成为封建统治者征伐打压的对象。甚至可以说，一部封建史，就是一部苗族的压迫屈辱史。封建统治者压迫苗族同胞惯用的手段，一是征战屠杀，二是愚昧民众，历经千年演绎，苗族同胞之于本民族历史、祖先伟大事功，慢慢忽略，甚至抹杀性遗忘。

　　一个伟大民族的悲哀莫过于此！

四

历经苦难，走向辉煌。中华人民共和国成立后，得益于党的民族政策，苗族与全国其他少数民族一样，依托民族区域自治法，组建了系列具有本民族特色的少数民族自治机构，千百年被压在社会底层的苗族同胞，翻身当家做主人，他们重新直面苗族的历史文化，系统挖掘、整理、提升本民族历史文化，切实找到了民族的历史价值和民族文化自信。贵州和湖南湘西武陵山区一带，自古就是封建统治阶级口中的"武陵蛮"的核心区域。这一块曾经被统治阶级视为不毛之地的蛮荒地区，如今得到了国家的高度重视，中央整合武陵山片区4省市71个县市，实施了武陵山片区扶贫攻坚战略。作为国家区域大扶贫战略中的重要组成部分，武陵山区苗族同胞的脱贫发展牵动着党中央、国务院关注的目光。武陵山区苗族同胞感恩党中央，激发内生动力，与党中央同步共振，掀起了一场轰轰烈烈的脱贫攻坚世纪大战。

苗族是湘西土家族苗族自治州两大主体民族之一，要推进湘西发展，当前基础性的工作就是要完成两大主体民族脱贫攻坚重点工作，自然，苗族承担的历史使命责无旁贷。在这样的语境下，推进湘西发展、推进苗族聚集区同胞脱贫致富，就是要充分用好、用活苗族深厚的历史文化资源，以挖掘、提升民族文化资源品质，提升民族文化自信心；要全面整合苗族民族文化资源精华，去芜存菁，把文化资源转化为现实生产力，服务于我州经济社会的发展。

正是贯彻这样的理念，湘西土家族苗族自治州立足少数民族自治地区的民族资源特色禀赋，提出了生态立州、文化强州的发展理念，围绕生态牌、文化牌打出了"全域旅游示范区建设""国内外知名生态文化公园"系列组合拳，民族文化旅游业蓬勃发展，民族地区脱贫攻坚工作突飞猛进。在具体操作层面，州委、州政府提出了以"土家探源""神秘苗乡"为载体、深入推进我州文化旅游产业发展的口号，重点挖掘和研究红色文化、巫傩文化、苗疆文化、土司文化。基于此，州政协按照服务州委、州政府中心工作和民生热点难点的履职要求，组织相关专家学者，联合相关出版机构，在申报重点课题的基础上，深度挖掘苗族历史文化，按课题整理、出版苗族历史文化丛书。

人类具有社会属性，所以才会对神话故事、掌故、文物和文献进行著录和收传。以民族出版社出版、吴荣臻主编的五卷本《苗族通史》和贵州民族出版社出版的《苗族古歌》系列著作为标志，苗学研究进入了一个新的历史时期。

湘西土家族苗族自治州政协组织牵头的《湘西苗族民间传统文化丛书》记载了苗疆文化的主要内容，是苗族文化研究的重要成果。它不但整理译注了浩如烟海的有关苗疆的历史文献，出版了史料文献丛书，还记录整理了苗族人民口传心录的苗族古歌系列、巴代文化系列等珍贵资料，并展示了当代文化研究成果。

　　党的十八大以来，以习近平同志为核心的党中央，以"一带一路"倡议为抓手，不断推进人类命运共同体建设，以实现中华民族伟大复兴的中国梦为目标，不断推进理论自信、道路自信、制度自信和文化自信。没有包括苗族文化在内的各个少数民族文化的复兴，也不会有完全的中华民族伟大复兴。

　　因此，从苗族历史文化中探寻苗族原典文化，发现新智慧、拓展新路径，从而提升民族文化自信力，服务湘西生态文化公园建设，推进精准扶贫、精准脱贫，实现乡村振兴，进而实现湘西现代化建设目标，善莫大焉！

　　此为序！

2018 年 9 月 5 日

专家序一

掀起湘西苗族巴代文化的神秘面纱

汤建军

　　2017 年 9 月 7 日，根据中共湖南省委安排，我在中共湘西州委做了题为"砥砺奋进的五年"的形势报告。会后，在湘西州社科联谭必四主席的陪同下，考察了一直想去的花垣县双龙镇十八洞村。出于对民族文化的好奇，考察完十八洞村后，我根据中共湖南省委网信办在花垣县挂职锻炼的范东华同志的热诚推荐，专程拜访了苗族巴代文化奇人石寿贵老先生，参观其私家苗族巴代文化陈列基地。石寿贵先生何许人也？花垣县双龙镇洞冲村人。他是本家祖传苗师"巴代雄"第 32 代掌坛师、客师"巴代扎"第 11 代掌坛师、民间正一道第 18 代掌坛师。石老先生还是湘西州第一批命名的"非物质文化遗产（以下简称'非遗'）保护"名录"苗老司"代表性传承人、湖南省第四批"非遗"名录"苗族巴代"代表性传承人、吉首大学客座教授、中国民俗学会蚩尤文化研究基地蚩尤文化研究会副会长、巴代文化学会会长。他长期从事巴代文化、道坛丧葬文化、民间习俗礼仪文化等苗族文化的挖掘搜集、整编译注及研究传承工作。一直以来，他和家人，动用全家之财力、物力和人力，经过近 50 年的全身心投入，在本家积累 32 代祖传资料的基础上，又走访了贵州、四川、湖北、湖南、重庆等周边 20 多个县市有名望的巴代坛班，通过本家厚实的资料库加上广泛搜集得来的资料，目前已整编译注出 7 大类 76 本

2500 多万字及 4000 余幅仪式彩图的《巴代文化系列丛书》,且准备编入《湘西苗族民间传统文化丛书》进行出版。这 7 大类 76 本具体包括:第一类,基础篇 10 本;第二类,苗师科仪 20 本;第三类,客师科仪 10 本;第四类,道师科仪 5 本;第五类,侧记篇 4 本;第六类,苗族古歌 14 本;第七类,历代手抄本扫描 13 本。除了书稿资料以外,石寿贵先生还建立起了 8000 多分钟的仪式影像、238 件套的巴代实物、1000 多分钟的仪式音乐、此前他人出版的有关苗族巴代民俗的藏书 200 余册以及包括一整套待出版的《湘西苗族民间传统文化丛书》在内的资料档案。此前,他还主笔出版了《苗族道场科仪汇编》《苗师通书诠释》《湘西苗族古老歌话》《湘西苗族巴代古歌》四本著作。其巴代文化研究基地已建立起巴代文化的三大仪式、两大体系、八大板块、三十七种类苗族文化数据库,成为全国乃至海内外苗族巴代文化资料最齐全系统、最翔实厚重、最丰富权威的亮点单位。"苗族巴代"在 2016 年 6 月入选第四批湖南省"非遗"保护名录。2018 年 6 月,石寿贵老先生获批为湖南省第四批非物质文化遗产保护项目"苗族巴代"代表性传承人。

走进石寿贵先生的巴代文化挖掘搜集、整编译注、研究及陈列基地,这是一栋两层楼的陈列馆,没有住人,全部都是用来作为巴代文化资料整编译注和陈列的。一楼有整编译注工作室和仪式影像投影室等,中堂为有关图片及字画陈列,文化气息扑面而来。二楼分别为巴代实物资料、文字资料陈列室和仪式腔调录音室及仪式影像资料制作室等,其中 32 个书柜全都装满了巴代书稿和实物,真可谓书山文海、千册万卷、博大精深、琳琅满目。

石老先生所收藏和陈列的巴代文化各种资料、物件和他本人的研究成果极大地震撼了我们一行人。我初步翻阅了石老先生提供的《湘西苗族巴代揭秘》一书初稿,感觉这些著述在中外学术界实属前所未闻、史无前例、绝无仅有。作者运用独特的理论体系资料、文字体系资料以及仪式符号体系资料等,全面揭露了湘西苗族巴代的奥秘,此书必将为研究苗族文化、苗族巴代文化学和中国民族学、民俗学、民族宗教学以及苗族地区摄影专家、民族文化爱好者提供线索、搭建平台与铺设道路。我当即与湘西州社科联谭必四主席商量,建议他协助和支持石老先生将《湘西苗族巴代揭秘》一书申报湖南省社科普及著作出版资助。经过专家的严格评选,该书终于获得了出版资助,在湖南教育出版社得到出版。因为这是一本在总体上全面客观、科学翔实、通俗形象地介绍苗族巴代及其文化的书,我相信此书一定会成为广大读者喜闻喜阅、喜欣喜爱的书,一定能给苗族历代祖先以慰藉,一定能更好地传播苗民族文化精华,一定能深入弘扬中华民族优秀传统文化。

2017 年 12 月 6 日，我应邀在中南大学出版社宣讲党的十九大精神时，结合如何策划选题，重点推介了石寿贵先生的苗族巴代文化系列研究成果，希望中南大学出版社在前期积累的基础上，放大市场眼光，挖掘具有民族特色的文化遗产，积极扶持石老先生巴代文化成果的出版。这个建议得到了吴湘华社长及其专业策划团队的高度重视。2018 年 1 月 30 日，国家出版基金资助项目公示，由中南大学出版社挖掘和策划的石寿贵编著的《巴代文化系列丛书》中的 10 本作为第一批《湘西苗族民间传统文化丛书》入选。该丛书以苗族巴代原生态的仪式脚本(包括仪式结构、仪式程序、仪式形态、仪式内容、仪式音乐、仪式气氛、仪式因果等)记录为主要内容，原原本本地记录了苗师科仪、客师科仪、道师绕棺戏科仪以及苗族古歌、巴代历代手抄本扫描等脚本资料，建立起了科仪的文字记录、图片静态记录、影像动态记录、历代手抄本文献记录、道具法器实物记录等资料数据库，是目前湘西苗族地区种类较为齐全、内容翔实、实物彩图丰富生动的原生态民间传统资料，充分体现了苗族博大精深、源远流长的文化内涵和艺术价值，对今后全方位、多视角、深层次研究苗族历史文化有着极其重要的价值和深远的意义。

从《湘西苗族民间传统文化丛书》中所介绍的内容来看，可以说，到目前为止，这套丛书是有关领域中内容最系统翔实、最丰富完整、最难能可贵的资料了。此套书籍如此广泛深入、全面系统、尽数囊括、笼统纳入，实为古今中外之罕见，堪称绝无仅有、弥足珍贵，也是有史以来对苗族巴代文化的全面归纳和科学总结。我想，这既是石老先生和他的祖上及其家眷以及政界、学界、社会各界对苗族文化的热爱、执着、拼搏、奋斗、支持、帮助的结果，也体现出了石寿贵老先生对苗族文化所做出的巨大贡献。这套丛书将成为苗族传统文化保护传承、研究弘扬的新起点和里程碑。用学术化的语言来说，这 300 余种巴代科仪就是巴代历代以来所主持苗族的祭祀仪式、习俗仪式以及各种社会活动仪式的具体内容。但仪式所表露出来的仅仅只是表面形式而已，更重要的是包含在仪式里面的文化因子与精神特质。关于这一点，石寿贵老先生在丛书中也剖析得相当清晰，他认为巴代文化的形成是苗族文化因子的作用所致。他认为：世界上所有的民族和教派都有不同于其他民族的文化因子，比如佛家的因果轮回、慈善涅槃、佛国净土，道家的五行生克、长生久视、清静无为，儒家的忠孝仁义、三纲五常、齐家治国，以及纳西族的"东巴"、羌族的"释比"、东北民族的"萨满"、土家族的"梯玛"等，无不都是严格区别于其他民族或教派的独特文化因子。由某个民族文化因子所产生出来的文化信念，在内形成了该民族的观念、性格、素质、气节和精神，在外则形成了该民族的风格、习俗、形象、身份和标志。通过内外因素的共同作用，形成支撑该民族生生不息、发展壮大、繁荣富强的不竭动力。苗族巴代文化的核心理念是人类的"自我不灭"真性，在这一文化因子的影响下，形成了"自我崇拜"或"崇拜自我、维护自我、服务自我"的人类生存哲学体系。这种理论和实践体现在苗师"巴代雄"祭祀仪式的方方面面，比如上供时所说的"我吃你吃，我喝你喝"。说过之后，还得将供品一滴不漏地吃进口中，意思为我吃就是我的祖先吃，我喝就是我的祖先喝，我就是我的祖先，我的祖先就是我，祖先虽亡，但他的血液在我的身上流淌，他的基因附在我的身上，祖先的化身就是当下的我，并且一直延续到永远，这种自我真性没有被泯灭掉。同时，苗师"巴代雄"所祭祀的对象既不是木偶，也不是神像，更不是牌位，而是活人，是舅爷或德高望重的活人。这种祭祀不同于汉文化中的灵魂崇拜、鬼神崇拜或自然崇拜，而是实实在在的、活生生的自我崇拜。这就是巴代传承古代苗族主流文化（因子）的内在实质和具体内容。无怪乎如来佛祖降生时一手指天，一手指地，所说的第一句话就是："天上地下，唯我独尊。"佛祖所说的这个"我"，指的绝非本人，而是宇宙间、世界上的真性自我。

石老先生认为，从生物学的角度来说，世界上一切有生命的动植物的活动都是维护自我生存的活动，维护自我毋庸置疑。从人类学的角度来说，人类的真性自我不生不灭，世间人类自身的一切活动都是围绕有利于自我生存和发展这个主旨来开展的，背离了这个主旨的一切活动都是没有任何价值和意义的活动。从社会科学的角度来说，人类社会所有的科普项目、科学文化，都是从有利于人类自我生存和发展这个主题来展开的，如果离开了这条主线，科普也就没有了任何价值和意义。从人类生存哲学的角度来说，其主要的逻辑范畴，也是紧紧地把握人类这个大的自我群体的生存和发展目标去立论拓展的，自我生存成为最大的逻辑范畴；从民族学的角度来说，每个要维护自己生生不息、发展壮大的民族，都要有自己强势优越、高超独特、先进优秀的文化来作支撑，而要得到这种文化支撑的主体便是这个民族大的自我。

石老先生还说，从维护小的生命、个体的小自我到维护大的人类、群体的大自我，是生物世界始终都绕不开的总话题。因而，自我不灭、自我崇拜或崇拜自我、服务自我、维护自我，在历史上早就成为巴代文化的核心理念。正是苗师"巴代雄"所奉行的这个"自我不灭论"宗旨教义，所行持的"自我崇拜"的教条教法，涵盖了极具广泛意义的人类学、民族学以及哲学文化领域中的人类求生存发展、求幸福美好的理想追求。也正是这种自我真性崇拜的文化因子，才形成了我们的民族文化自信，锻造了民族的灵魂素质，成就了民族的精神气节，才能坚定民族自生自存、自立自强的信念意识，产生出民族生生不息、发展壮大的永生力量。这就充分说明，苗族的巴代文化，既不是信鬼信神的巫鬼文化，也不是重巫尚鬼的巫傩文化，而是从基因实质的文化信念到灵魂素质、意识气魄的锻造殿堂，是彻头彻尾的精神文化，这就是巴代文化和巫鬼文化、巫傩文化的本质区别所在。

乡土的草根文化是民族传统文化体系的基因库，只要正向、确切、适宜地打开这个基因库，我们就能找到民族的根和魂，感触到民族文化的神和命。巴代作为古代苗族主流文化的传承者，作为一个族群社会民众的集体意识，作为支撑古代苗族生存发展、生生不息的强大的精神支柱和崇高的文化图腾，作为苗族发展史、文明史曾经的符号，作为中华民族文化大一统中的亮丽一簇，很少被较为全面系统、正向正位地披露过。

巴代是古代苗族祭祀仪式、习俗仪式、各种社会活动仪式这三大仪式的主持者，更是苗族主流文化的传承者。因为苗族在历史上频繁迁徙、没有文字、不属王化、封闭保守等因素，再加上历史条件的限制与束缚，为了民族的生存和发展，苗族先人机灵地以巴代所主持的三大仪式为本民族的显性文化表象，来传承苗族文化的原生基因、本根元素、全准信息等这些只可意会、不可言传的隐性文化实质。又因这三大仪式的主持者叫巴代，故其所传承、主导、影响的苗族主流文化又被称为巴代文化，巴代也就自然而然地成为聚集古代苗族的哲学家、法学家、思想家、社会活动家、心理学家、医学家、史学家、语言学家、文学家、理论家、艺术家、易学家、曲艺家、音乐家、舞蹈家、农业学家等诸大家之精华于一身的上层文化人，自古以来就一直受到苗族人民的信任、崇敬和尊重。

巴代文化简单说来就是三大仪式、两大体系、八大板块和三十七种文化。其包括了苗族生存发展、生产生活、伦理道德、物质精神等从里到表、方方面面、各个领域的文化。巴代文化必定成为有效地记录与传承苗族文化的大乘载体、百科全书以及活态化石，必定成为带领苗族人民从远古一直走到近代的精神支柱和家园，必定成为苗族文化的根、魂、神、质、形、命的基因实质，必定成为具有苗族代表性的文化符号与文化品牌，必定成为苗族优秀的传统文化、神秘湘西的基本要素。

石老先生委托我为他的丛书写篇序言，因为我的专业不是民族学研究，不能从专业角度给予中肯评价，为读者做好向导，所以我很为难，但又不好拒绝石老先生。工作之余，我花了很多时间认真学习他的相关著述，总感觉高手在民间，这些文字是历代苗族文化精华之沉淀，文字之中透着苗族人的独特智慧，浸润着石老先生及历代巴代们的心血智慧，更体现出了石老先生及其家人一生为传承苗族文化所承载的常人难以想象的、难以忍受的艰辛、曲折、困苦、执着和担当。

这次参观虽然不到两个小时，却发现了苗族巴代文化的正宗传人。遇见石老先生，我感觉自己十分幸运，亦深感自己有责任、有义务为湘西苗族巴代文化及其传人积极推荐，努力让深藏民间的优秀民族文化遗产能够公开出版。石老先生的心愿已了，感恩与我们一样有这种情结的评审专家和出版单位对《湘西苗族民间传统文化丛书》的厚爱和支持。我相信，大家努力促成这些书籍公开出版，必将揭开湘西苗族巴代文化的神秘面纱，必将开启苗族巴代文化保护传承、研究弘扬、推介宣传的热潮，也必将引发湘西苗族巴代文化旅游的高潮。

略表数言，抛砖引玉，是为序。

（作者系湖南省社会科学院党组成员、副院长，湖南省省情研究会会长、研究员）

专家序二

罗康隆

　　我来湘西20年，不论是在学校，还是在村落，听到当地苗语最多的就是
"巴代"（分"巴代雄"与"巴代扎"）。起初，我也不懂巴代的系统内涵，只知
道巴代是湘西苗族的"祭师"，但经过20年来循序渐进的认识与理解，我深
知，湘西苗族的"巴代"，并非用"祭师"一词就可以简单替代。

　　说实在的，我是通过《湘西苗族调查报告》和《湘西苗族实地调查报告》
这两本书来了解湘西的巴代文化的。1933年5月，国立中央研究院的凌纯
声、芮逸夫来湘西苗区调查，三个月后凌纯声、芮逸夫离开湘西，形成了《湘
西苗族调查报告》（2003年12月由民族出版社出版）。该书聚焦于对湘西苗
族文化的展示，通过实地摄影、图画素描、民间文物搜集，甚至影片拍摄，加
上文字资料的说明等，再现了当时湘西苗族社会文化的真实图景，其中包含
了不少关于湘西苗族巴代的资料。

　　当时，湘西乾州人石启贵担任该调查组的顾问，协助凌纯声、芮逸夫在
苗区展开调查。凌纯声、芮逸夫离开湘西时邀请石启贵代为继续调查，并请
国立中央研究院聘石启贵为湘西苗族补充调查员，从此，石启贵正式走上了
苗族研究工作的道路。经过多年的走访调查，石启贵于1940年完成了《湘西
苗族实地调查报告》（2008年由湖南人民出版社出版）。在该书第十章"宗教
信仰"中，他用了11节篇幅来介绍湘西苗族的民间信仰。2009年由中央民
族大学"985工程"中国少数民族非物质文化研究与保护中心与台湾"中央研
究院"历史语言研究所联合整理，在民族出版社出版了《民国时期湘南苗族调
查实录（1~8卷）（套装全10册）》，包括民国习俗卷、椎猪卷、文学卷、接龙
卷、祭日月神卷、祭祀神辞汉译卷、还傩愿卷、椎牛卷（上）、椎牛卷（中）、

椎牛卷(下)。由是，人们对湘西苗族"巴代"有了更加系统的了解。

我作为苗族的一员，虽然不说苗语了，但对苗族文化仍然充满着热情与期待。在我主持学校民族学学科建设之初，就将苗族文化列为重点调查与研究领域，利用课余时间行走在湘西的腊尔山区苗族地区，对苗族文化展开调查，主编了《五溪文化研究》丛书和《文化与田野》人类学图文系列丛书。在此期间结识了不少巴代，其中就有花垣县董马库的石寿贵。此后，我几次到石寿贵家中拜访，得知他不仅从事巴代活动，而且还长期整理湘西苗族的巴代资料，对湘西苗族巴代有着系统的了解和较深的理解。

我被石寿贵收集巴代资料的精神所感动，决定在民族学学科建设中与他建立学术合作关系，首先给他配备了一台台式电脑和一台摄像机，可以用来改变以往纯手写的不便，更可以将巴代的活动以图片与影视的方式记录下来。此后，我也多次邀请他到吉首大学进行学术交流。在台湾"中央研究院"康豹教授主持的"深耕计划"中，石寿贵更是积极主动，多次对他所理解的"巴代"进行阐释。他认为湘西苗族的巴代是一种文化，巴代是古代苗族祭祀仪式、习俗仪式、各种社会活动仪式这三大仪式的主持者，是苗族文化的传承载体之一，是湘西苗族"百科全书"的构造者。

巴代文化成为苗族文化的根、魂、神、质、形、命的基因实质。这部《湘西苗族民间传统文化丛书》含 7 大类 76 本 2500 多万字及 4000 余幅仪式彩图，还有 8000 多分钟仪式影像、238 件套巴代实物、1000 多分钟仪式音乐等，形成了巴代文化资料数据库。这些资料弥足珍贵，以苗族巴代仪式结构、仪式程序、仪式形态、仪式内容、仪式音乐、仪式气氛、仪式因果为主要内容进行记录。这是作者在本家 32 代祖传所积累丰厚资料的基础上，通过近 50 年对贵州、四川、湖南、湖北、重庆等省市周边有名望的巴代坛班走访交流，行程达 10 万多公里，耗资 40 余万元，竭尽全家之精力、人力、财力、物力，对巴代文化资料进行挖掘、搜集与整理所形成的资料汇编。

这些资料的样本存于吉首大学历史与文化学院民间文献室，我安排人员对这批资料进行了扫描，准备在 2015 年整理出版，并召开过几次有关出版事宜的会议，但由于种种原因未能出版。今天，它将由中南大学出版社申请到的国家出版基金资助出版，也算是了结了我多年来的一个心愿，这是苗族文化史上的一件大好事。这将促进苗族传统文化的保护，极大地促进民族精神的传承和发扬，有助于加强、保护与弘扬传统文化，对落实党和国家加强文化大发展战略有着特殊的使命与价值。

（作者系吉首大学历史与文化学院院长、湖南省苗学学会第四届会长）

概　述

　　《湘西苗族民间传统文化丛书》以苗族巴代原生态的仪式脚本(包括仪式结构、仪式程序、仪式形态、仪式内容、仪式音乐、仪式气氛、仪式因果等)记录为主要内容,原原本本地记录了苗师科仪、客师科仪、道师绕棺戏科仪以及苗族古歌、巴代历代手抄本扫描等脚本资料,建立起了科仪文字记录、图片静态记录、影像动态记录、历代手抄本文献记录、道具法器实物记录等资料数据库,为抢救、保护、传承、研究这些濒临灭绝的苗族传统文化打牢了基础,搭建了平台,提供了必需的条件。

　　巴代是古代苗族祭祀仪式、习俗仪式、各种社会活动仪式这三大仪式的主持者,也是苗族主流文化的传承载体之一。古代苗族在涿鹿之战后因为频繁迁徙、分散各地、没有文字、不属王化、封闭保守等因素,形成了具有显性文化表象和隐性文化实质这二元文化的特殊架构。基于历史条件的限制与束缚,为了民族的生存和发展,苗族先人机灵地以巴代所主持的三大仪式为本民族的显性文化表象,来传承苗族文化的原生基因、本根元素、全准信息等这些只可意会、不可言传的隐性文化实质。因为三大仪式的主持者叫巴代,故其所传承、主导、影响的苗族主流文化又被称为巴代文化,巴代也就自然而然地成为聚集古代苗族的哲学家、史学家、宗教家等诸大家之精华于一身的上层文化人,自古以来就一直受到苗族人民的信任、崇敬和尊重。

　　巴代文化简单说来就是三大仪式、两大体系、八大板块和三十七种文化。其包括了苗族生存发展、生产生活、伦理道德、物质精神等从里到表、方方面面各个领域的文化。巴代文化必定成为有效地记录与传承苗族文化的大乘载体、百科全书以及活态化石，必定成为带领苗族人民从远古一直走到近代的精神支柱和家园，必定成为苗族文化的根、魂、神、质、形、命的基因实质，必定成为具有苗族代表性的文化符号与文化品牌，必定成为苗族优秀的传统文化之一、神秘湘西的基本要素。

苗族的巴代文化与纳西族的东巴文化、羌族的释比文化、东北民族的萨满文化、汉族的儒家文化、藏族的甘朱尔等一样，是中华文明五千年的文化成分和民族文化大花园中的亮丽一簇，是苗族文化的本源井和柱标石。巴代文化的定位是苗族文化的全面归纳、科学总结与文明升华。

近代以来，由于种种原因，巴代文化濒临灭绝。为了抢救这种苗族传统文化，笔者在本家 32 代祖传所积累丰厚资料的基础上，又通过近 50 年以来对贵州、四川、湖南、湖北、重庆等省市周边有名望的巴代坛班走访交流，行程 10 多万公里，耗资 40 余万元，竭尽全家之精力、人力、财力、物力，全身心投入巴代文化资料的挖掘、搜集、整编译注、保护传承工作中，到目前已形成了 7 大类 76 本 2500 多万字及 4000 余幅仪式彩图的《湘西苗族民间传统文化丛书》(以下简称《丛书》)有待出版，建立起了《丛书》以及 8000 多分钟的仪式影像、238 件套的巴代实物、1000 多分钟的仪式音乐等巴代文化资料数据库。该《丛书》已成为当今海内外唯一的苗族巴代文化资源库。

7 大类 76 本 2500 多万字及 4000 余幅仪式彩图的《丛书》在学术界也称得上是鸿篇巨制了。为了使读者能够在大体上了解这套《丛书》的基本内容，在此以概述的形式来逐集进行简介是很有必要的。

这套洋洋大观的《丛书》，是一个严谨而完整的不可分割的体系，按内容属性可分为 7 大类型。因整套《丛书》的出版分批进行，在出版过程中根据实际情况对《丛书》结构做了适当调整，调整后的内容具体如下：

第一类：基础篇。分别是：《许愿标志》《手诀》《巴代法水》《巴代道具法器》《文疏表章》《纸扎纸剪》《巴代音乐》《巴代仪式图片汇编》《湘西苗族民间传统文化丛书通读本》等。

第二类：苗师科仪。分别是：《接龙》(第一、二册)，《汉译苗师通鉴》(第一、二、三册)，《苗师通鉴》(第一、二、三、四、五、六、七、八册)，《苗师"不青"敬日月车祖神科仪》(第一、二、三册)，《敬家祖》，《敬雷神》，《吃猪》，《土昂找新亡》。

第三类：客师科仪。分别是：《客师科仪》（第一、二、三、四、五、六、七、八、九、十册）。

第四类：道师科仪。分别是：《道师科仪》（第一、二、三、四、五册）。

第五类：侧记篇之守护者。

第六类：苗族古歌。分别是：《古杂歌》，《古礼歌》，《古阴歌》，《古灰歌》，《古仪歌》，《古玩歌》，《古堂歌》，《古红歌》，《古蓝歌》，《古白歌》，《古人歌》，《汉译苗族古歌》（第一、二册）。

第七类：历代手抄本扫描。

本套《丛书》的出版将为抢救、保护、传承、研究这些濒临灭绝的苗族传统文化打牢基础、搭建平台和提供必需的条件；为研究苗族文化，特别是研究苗族巴代文化学、民族学、民俗学、民族宗教学等，以及这些学科的完善和建设做出贡献；为研究、关注苗族文化的专家学者以及来苗族地区的摄影者提供线索与方便。《丛书》的出版，将有力地填补苗族巴代文化学领域里的空缺和促进苗族传统文明、文化体系的完整，使苗族巴代文化成为中华民族文化大花园中的亮丽一簇。

石寿贵
2020 年秋于中国苗族巴代文化研究中心

前　言

　　湘西苗族的苗师"巴代雄"是苗族巴代的三大种类之一，是苗族原生、本有的巴代，其所持诵的神辞大多是古代苗语，没有间杂汉语，并且以静态为主来举行仪式。苗师没有三十六堂神、七十二庙鬼之说，所祭祀的对象不是木偶，也不是牌位，更不是神像，而是活人，是后辈舅爷等代神坐坛领供。其祭祀对象虽然名为祖神，但这个祖神不同于汉文化定义中的灵魂崇拜或鬼神崇拜，而是"自我"，即我就是我的祖先，我的祖先就是我，祖先虽亡，但其基因和血脉流淌在我的身上，我就是我祖先的化身。

　　苗师的祭祀仪式据目前不完全的统计有46堂之多，其中大型的祭祀如"椎牛"、"椎猪"、"吃牛"、"祭日月车祖神"（祭日月车祖神后来演变成大型的太阳会）、"接寨龙"等，中型的祭祀如"吃猪""敬寨祖""接家龙""招新亡入祖""安祖坛""祭雷神"等，小型的祭祀如"小敬祖先""接坟龙""洗宅""敬谷粟米神""赎墓魂"等。大、中、小型各种仪式，组成了一个大系统、大规模、大建构的祭祀体系。

　　巴代的祭祀仪式由"写、画、雕、扎、剪、吹、打、舞、诵、唱"等形式组成，但其主要的内容与成分是诵功和唱功，而诵、唱的内容又都是神辞。苗师"巴代雄"所主持的祭祀仪式据目前不完全统计有46堂之多，这46堂仪式又是由48种基本模式组成。其中的堂指的是祭祀科仪种类，如"椎牛科仪""接龙科仪"等，而基本模式指的是仪式的具体内容，如"说香""讲原因"

"请师""请神""通呈保佑""驱鬼除怪""遣煞""收祚藏身""交牲交熟""敬献供品""送神""拆坛"等。从大体上来说，苗师"巴代雄"的46堂科仪的神辞内容都是由这些基本模式组成，在具体的某堂科仪中，按其祭祀的场地、时间、原因、神名、诉求（目的）等实际情况，将这些基本模式组合成整堂仪式的科仪神辞。比如"敬酒"，在苗师"巴代雄"所主持的46堂科仪中，几乎每堂都有"敬酒"这个环节，每种祭祀都离不开敬酒，只是接受供酒的对象不同而已。换句话来说，苗师所主持的46堂科仪，都是由这些基本模式通用神辞组成，只是组合的形式或前或后、或多或少而已。因此，巴代术语把这些通用的基本模式称为"通鉴"。

《苗师通鉴》共分8册，总共收载了48种不同内容的基本模式通用神辞。其中：

第一册收载了"焚香""烧线香""收祚藏身""护堂""原因""择日、设坛""借供桌""摆供碗具""砍竹、破篾、剪纸""买供猪""请巴代""请祖师""灭鬼"，共13种；

第二册收载了"遣灾驱祸""消灾灭煞""退灾""去请祖神""保佑福寿"，共5种；

第三册收载了"请神下凡""赐福赐寿""解枷脱锁""维系魂保安布""赎魂""交牲"，共6种；

第四册收载了"悔过""敬入堂酒""交剩余的酒""祝酒词""神名"，共5种；

第五册收载了"敬上熟酒肉""送上熟酒肉""拆坛"，共3种。

第六册收载了"敬饭""送家祖神""打扫屋（上部）"，共3种。

第七册收载了"打扫屋（下部）""祖坛请师""封牢井""开牢井放邪师""巴代回坛""椎牛起根（上部）"，共6种。

第八册收载了"椎牛起根（下部）""嘱咐神的话""雷神古根""担保悔过""隔诅咒""隔血诅咒""认错雷款"，共7种。

在介绍具体的每种通用神辞的前面，我们都会以"简述"的形式进行简单的解读。

　　由于巴代神辞基本上是诗歌体裁，其平仄韵脚要求相当严格，而苗区的语言基本上都是五里不同腔、八里不同韵，因此本书的资料采集于花垣县双龙镇洞冲村一带的民间，属于东部方言第二方言区的语音区。为了保持平仄韵脚和诗歌体裁的流畅押韵，苗文记音就采用了东部方言第二方言区花垣县排碧地区的语音批注，请读者理解。

　　本书采用汉字记音、苗文、意译三者相结合的方式整理，从而使不懂苗文的读者也能读出，然后再整体地体会其中意思。需要说明的是，虽然采用汉字记音，但有很多的苗语发音用汉字是不能标记准确的。爱唱苗歌的人能够将汉字记音作为提示，较准确地读唱出来，而不懂苗语的人按汉字记音来读苗歌就不能十分确切了。而且，记音的汉字是按本地方言的读音记的，若用普通话的音去读就又不准确了。

　　苗语中有六个声调：第一声用"d"表示，第二声用"b"表示，第三声用"x"表示，第四声用"l"表示，第五声用"t"表示，第六声用"s"表示。所以，同一个汉字记音在不同的句子里便会因音调不同而体现为不同的苗文。

　　而且，同一个汉字记音是有可能有很多不同的意思的，如以汉字"内"记的音便有多种词意：ned－母，nenb－蛇，hneb－日，nex－人，nous－下蛋的下，noux－稻谷，noul－捉、擒，nenl－韧，nes－问，hned－弓，neul－流，leit－干枯，nes－软……（请参阅民族出版社2009年出版的《民国时期湘西苗族调查实录——习俗卷》）

　　又，巴代所主持的每堂仪式，都是一场完整的地戏，其结构与框架、语言与形态、内容与轨迹、诉求与效果既有其相似性和共性，又有其差异性和个性。犹如人们建房子一样，材料虽然都是砖木瓦石，但所建造出来的房子千种百样。论其共性都是房子，都能供人使用或居住，但其个性却有很多，比如形状、大小、宽窄、高矮、作用、价值等是千差万别，各有千秋。材料虽然都是这些，但用法、分量、组合方式却大有区别。祭祀仪式也是一样，虽然基本素材都是这些，但用法、分量、具体组合方式各有不同，即使是在每一小段神辞中，哪怕是只有几句不同，也是一种不可忽视的差异，正如颜料一样，颜料的成分与调和的比例将直接左右效果。诸如上述，在巴代所主持的几百堂祭祀仪式中，虽然其中的基本素材大致相同，但通过不同顺序、不同分量、不同形式的组合之后却形成了千差万别的各种模式。在历代先民所秉持的"祭神如神在"的虔诚意念之下，在历代祖师爷的必须"原原本本"地持诵由心传口授而学来的神辞的铁规制约之下，仪轨也就如同铁打一般，不可随意改变一丝一毫。这体现出各种科仪的个性、完整性和严密性。

我们是本着完整记录各种科仪的个性、整体性和严密性来记录和整编译注巴代的祭祀仪式的。因为科仪是地戏的脚本，演员们在演唱地戏的时候不可能在其他的脚本中去寻找类似的可以参阅的台词，即使找得到也不一定能够用得上，所以，在整编译注巴代的祭祀科仪，尤其是每堂完整的个体资料的时候，在这些科仪面临着被扭曲而逐渐变形、变味甚至变质且濒临灭绝的时候，我们都是按原生态口口相传的资料一字不漏地收录的，这是记录科仪不同于平时写文章的地方。

巴代仪式的"演教"贵在虔诚，而这种虔诚表现在认真和细致上，起码的要求是向师父学来的仪式程序、语言形态、神辞作法必须完全照本宣科才行，这也是教规(行规)。因此，不厌其烦地表述成为虔诚的主要体现形式，这是抚慰信人身心上的伤痛、取信于人、坚定信念的基本做法。仪式记录的原则就是原原本本，哪怕神辞中只有少许的不同和差异都不能简化；此外，古苗语也有与汉语一样同字不同义的特性，如"行"字有"行路"与"银行"之别，如果按照写文章的模式、要求去记录科仪资料，将会失去上述的作用、价值和意义。

目 录

二五
用错 · Yngd cuob · 悔过

【简述】

悔过,指主家忏悔过错。传统观念认为,人们之所以生病有灾难,那是因为有意或无意、主观上或客观上违反了做人的道德底线或天条律款,才导致因果报应、律条降灾,形成灾难。若要想从根本上消除灾难、解脱病痛,必须对祖神逐条忏悔过错。出于这种认知,便有本堂悔过法仪神辞。

悔过时要通过巴代的祖师们面对祖神逐条地忏悔过错,并且以"有错无错,低头认错;有罪无罪,低头认悔;有犯无犯,低头认忏"的态度来悔过,可见古人设教的良苦用心。

悔过,有对祖神悔过,有对司肉神悔过,有对家祖悔过,有对大祖神悔过,甚至有对阴间、阳间的冤家对头悔过等内容。

江久葵汝列拢几葡,
Jiangb jub kuib rux lieb liongb jid pongb,
江半录汝列拢吉屋。
Jiangb banb lub rux lieb liongb jib wul.
葵汝列拢召娄,
Kuib rux lieb liongb zhaob neb,
录汝列拢召追。
Nub rux lieb liongb zhaob zhuix.
葵汝列你苟抓,
Kuib rux lieb nit goud zhuab,
录汝列炯苟尼。

安在苗师巴代家里堂屋后壁的祖师坛（石国鑫摄）

Nub rux lieb jongx goud nib.
葵汝列拢几不，
Kuib rux lieb liongb jid bub，
录汝列拢吉强。
Nub rux lieb liongb jid qiangx.

葵汝休最休走，

Kuib rux xiud zuib xiud zeb,

录汝休走休半。

Nub rux xiud zeb xiud banb.

葵汝几柔几服，

Kuib rux jid roub jid ful,

录汝几柔几录。

Nu rux jid roub jid nub.

葵汝共够几北，

Kuib rux giuongx gout jid beib,

几油列苟猛错猛炯。

Jid youb lieb ged mengb cuob mengb jiongd.

录汝共便吉走，

Nub rux giuongx biat jib zed,

吉共列苟猛底猛内。

Jib giuongx lieb ged mengb did mengb neib.

几江苟错——

Jid jiangb ged cuob—

阿柔西昂得碗拢油，

Ad roub xid angb deit wanb liongb yub,

阿气虐满猛碗拢号。

Ab qix nub mianb mengb wand liongb haox.

阿标林休，

Ab bioud liuongb xut,

洽腊龙召格能格同，

Qiax lab longb zhaob gib nongb gib tongb,

洽腊龙召格达格这。

Qiax lab longb zhaob gib dab gib zhex.

鸟茶几没到服，

Niaob cat jid meib daox fub,

弄然几没到龙。

Nongx rab jid meib daox longb.

他拢莎苟拢错拢炯，

Tax nongd sax ged liongb cuob liongb jiongd，
他拢莎苟拢底拢内。
Tax nongd sax ged liongb did liongb neib.
错久修照夯绒，
Cuob jub xiut zhaob hangb rongb，
弟板油照柔穷.
Dix banb yub zhaob rout qiongx.
修哟列扛娘萨你查，
Xiut yod lieb gangb niangb sad nit cat，
油约列扛娘章炯汝。
Yub yod lieb gangb niangb zhuangb jiongx rux.
修哟列扛汝苟猛豆，
Xiut yod lieb gangb rux goub mengt dout，
油约列扛汝公猛炯。
Yub yod lieb gangb rux gongt mengb jiongx.
修哟列扛汝猛产豆，
Xiut yod lieb gangb rux mengb cant dout，
油约列扛汝猛吧就。
Yub yod lieb gangb rux mengb bax jux.
阿——酒——阿——酒——　　　　　　　　　（摇铃放筶）
Ab—jiux—ab—jiux—

　　喜了祖师要来集中，爱了宗师要来集合。
　　祖师要来护前，宗师要来保后。
　　祖师要拥左边，宗师要护右边。
　　祖师要来成伙，宗师要来成团。
　　祖师到来到边，宗师到临到齐。
　　祖师来担来保，宗师来凭来证。
　　祖师在此桌前，带着主家当神忏悔。
　　宗师当在桌边，带领主人当祖认错。
　　忏悔过错——
　　过去岁月小锅来煮，往昔日子大锅来熬。①
　　一家大小，

恐也吃着一丝一毫，怕也尝着一点一滴。

口中不曾得喝，嘴内未曾得吃。

今天也都来错来悔，今日也都来悔来忏。

错了免去一边，悔了赦在一旁。

免了要送坐得清吉，赦了要送居得平安。

免了要送疾病痊好，赦了要送病体痊愈。

免了要送好去千年，赦了要送好过百岁。

神韵——

注：①大锅来熬——指煮在锅内用来敬奉元祖神的供品。

江久葵汝列拢几葡，

Jiangb jub kuib rux lieb liongb jid pongb,

江半录汝列拢吉屋。

Jiangb banb lub rux lieb liongb jib wul.

葵汝列拢召娄，

Kuib rux lieb liongb zhaob neb,

录汝列拢召追。

Nub rux lieb liongb zhaob zhuix.

葵汝列你苟抓，

Kuib rux lieb nit goud zhuab,

录汝列炯苟尼。

Nub rux lieb jongx goud nib.

葵汝列拢几不，

Kuib rux lieb liongb jid bub,

录汝列拢吉强。

Nub rux lieb liongb jid qiangx.

葵汝休最休走，

Kuib rux xiud zuib xiud zeb,

录汝休走休半。

Nub rux xiud zeb xiud banb.

葵汝几柔几服，

Kuib rux jid roub jid ful,

录汝儿柔儿录。

Nu rux jid roub jid nub.

葵汝共够儿北,

Kuib rux giuongx gout jid beib,

儿油列苟猛错猛炯。

Jid youb lieb ged mengb cuob mengb jiongd.

录汝共便吉走,

Nub rux giuongx biat jib zed,

吉共列苟猛底猛内。

Jib giuongx lieb ged mengb did mengb neib.

儿江苟错——

Jid jiangb ged cuob—

阿柔西昂外剖外乜,

Ad roux xid angb waix pout waix nias,

阿气虐满外内外骂。

Ab qix nu mianb waix neid waix max.

麻林亏汉麻休,

Mab liuongb kuit hanx mab xut,

麻抓亏汉麻晚。

Mab zhuab kuit hanx mab wand.

加气加写亏内汉内,

Jiad qit jia xied kuit neib hanx neib,

加哈加楼儿抱吉大。

Jiad had jiad loub jid beb jib dax.

他拢莎苟拢错拢炯,

Tax nongd sax ged liongb cuob liongb jiongd,

他拢莎苟拢底拢内。

Tax nongd sax ged liongb did liongb neib.

错久修照夯绒,

Cuob jub xiut zhaob hangb rongb,

弟板油照柔穷。

Dix banb yub zhaob rout qiongx.

修哟列扛娘萨你查,

Xiut yod lieb gangb niangb sad nit cat,

油约列扛娘章炯汝。

Yub yod lieb gangb niangb zhuangb jiongx rux.

修哟列扛汝苟猛豆，

Xiut yod lieb gangb rux goub mengt dout,

油约列扛汝公猛炯。

Yub yod lieb gangb rux gongt mengb jiongx.

修哟列扛汝猛产豆，

Xiut yod lieb gangb rux mengb cant dout,

油约列扛汝猛吧就。

Yub yod lieb gangb rux mengb bax jux.

阿——酒——阿——酒——　　　　　　　　　（摇铃放筶）

Ab—jiux—ab—jiux—

　　喜了祖师要来集中，爱了宗师要来集合。
　　祖师要来护前，宗师要来保后。
　　祖师要拥左边，宗师要护右边。
　　祖师要来成伙，宗师要来成团。
　　祖师到来到边，宗师到临到齐。
　　祖师来担来保，宗师来凭来证。
　　祖师在此桌前，带着主家当神忏悔。
　　宗师当在桌边，带领主人当祖认错。
　　忏悔过错——
　　过去岁月欺瞒祖公祖婆，往昔日子欺瞒父母。
　　大的欺负小的，强的欺辱弱的。
　　使坏心肠祸害别人，为非作歹打抢欺压。
　　今天也都来错来悔，今日也都来悔来忏。
　　错了免去一边，悔了赦在一旁。
　　免了要送坐得清吉，赦了要送居得平安。
　　免了要送疾病痊好，赦了要送病体痊愈。
　　免了要送好去千年，赦了要送好过百岁。
　　神韵——

江久葵汝列拢儿葡，

Jiangb jub kuib rux lieb liongb jid pongb，

江半录汝列拢吉屋。

Jiangb banb lub rux lieb liongb jib wul.

葵汝列拢召娄，

Kuib rux lieb liongb zhaob neb，

录汝列拢召追。

Nub rux lieb liongb zhaob zhuix.

葵汝列你苟抓，

Kuib rux lieb nit goud zhuab，

录汝列炯苟尼。

Nub rux lieb jongx goud nib.

葵汝列拢儿不，

Kuib rux lieb liongb jid bub，

录汝列拢吉强。

Nub rux lieb liongb jid qiangx.

葵汝休最休走，

Kuib rux xiud zuib xiud zeb，

录汝休走休半。

Nub rux xiud zeb xiud banb.

葵汝几柔几服，

Kuib rux jid roub jid ful，

录汝几柔几录。

Nu rux jid roub jid nub.

葵汝共够几北，

Kuib rux giuongx gout jid beib，

几油列苟猛错猛炯。

Jid youb lieb ged mengb cuob mengb jiongd.

录汝共便吉走，

Nub rux giuongx biat jib zed，

吉共列苟猛底猛内。

Jib giuongx lieb ged mengb did mengb neib.

几江苟错——

Jid jiangb ged cuob—
几江苟错吾不斗溶，
Jid jiangb ged cuob wut bux deb yongb,
吾袍斗达。
Wut baox deb dab.
吾不不猛内补，
Wut bux bub mengb neib bub,
斗达达猛内冬。
Deb dab dab mengb neib dongt.
格尼尼猛内补，
Gieb nib nib mengb neib bub,
柔告告猛内冬。
Roub gaox gaox mengb neib dongt.
他拢莎苟拢错拢炯，
Tax nongd sax ged liongb cuob liongb jiongx,
他拢莎苟拢底拢内。
Tax nongd sax ged liongb did liongb neib.
错久修照夯绒，
Cuob jub xiut zhaob hangb rongb,
弟板油照柔穷。
Dix banb yub zhaob rout qiongx.
修哟列扛娘萨你查，
Xiut yod lieb gangb niangb sad nit cat,
油约列扛娘章炯汝。
Yub yod lieb gangb niangb zhuangb jiongx rux.
修哟列扛汝苟猛豆，
Xiut yod lieb gangb rux goub mengt dout,
油约列扛汝公猛炯。
Yub yod lieb gangb rux gongt mengb jiongx.
修哟列扛汝猛产豆，
Xiut yod lieb gangb rux mengb cant dout,
油约列扛汝猛吧就。
Yub yod lieb gangb rux mengb bax jux.

阿——酒——阿——酒—— （摇铃放筶）
Ab—jiux—ab—jiux—

喜了祖师要来集中，爱了宗师要来集合。
祖师要来护前，宗师要来保后。
祖师要拥左边，宗师要护右边。
祖师要来成伙，宗师要来成团。
祖师到来到边，宗师到临到齐。
祖师来担来保，宗师来凭来证。
祖师在此桌前，带着主家当神忏悔。
宗师当在桌边，带领主人当祖认错。
忏悔过错——
抬着去忏污染祭祖的水、敬神的汤。
污水污去他方，秽汤秽去他处。
污供污去他方，秽敬秽去他处。
今天也都来错来悔，今日也都来悔来忏。
错了免去一边，悔了赦在一旁。
免了要送坐得清吉，赦了要送居得平安。
免了要送疾病痊好，赦了要送病体痊愈。
免了要送好去千年，赦了要送好过百岁。
神韵——

江久葵汝列拢几葡，
Jiangb jub kuib rux lieb liongb jid pongb,
江半录汝列拢吉屋。
Jiangb banb lub rux lieb liongb jib wul.
葵汝列拢召娄，
Kuib rux lieb liongb zhaob neb,
录汝列拢召追。
Nub rux lieb liongb zhaob zhuix.
葵汝列你苟抓，
Kuib rux lieb nit goud zhuab,
录汝列炯苟尼。

Nub rux lieb jongx goud nib.

葵汝列拢几不，

Kuib rux lieb liongb jid bub,

录汝列拢吉强。

Nub rux lieb liongb jid qiangx.

葵汝休最休走，

Kuib rux xiud zuib xiud zeb,

录汝休走休半。

Nub rux xiud zeb xiud banb.

葵汝几柔几服，

Kuib rux jid roub jid ful,

录汝几柔几录。

Nu rux jid roub jid nub.

葵汝共够几北，

Kuib rux giuongx gout jid beib,

几油列苟猛错猛炯。

Jid youb lieb ged mengb cuob mengb jiongd.

录汝共便吉走，

Nub rux giuongx biat jib zed,

吉共列苟猛底猛内。

Jib giuongx lieb ged mengb did mengb neib.

几江苟错——

Jid jiangb ged cuob—

加鸟否猛弄内，

Jiad niaob woub nongx neit,

加弄否猛弄那。

Jiad nongx woub mengb nongx liax.

巴楼否洞巴抓，

Bad loub woub dongb bad zhuab,

良龙否洞良共。

Liat nongb woub dongb liat gongx.

加鸟加弄否猛向内，

Jiad niaob jiad nongx woub mengb xiangt neib,

加度加树否猛向总。

Jiad dux jiad shux woub mengb xiangt zongb.

加度几关向内向总，

Jid dux jib guand xiangt neib xiangt zongb,

加树几洽向内向骂。

Jid shux jib qiax xiangt neid xiangt max.

他拢莎苟拢错拢炯，

Tax nongd sax ged liongb cuob liongb jiongd,

他拢莎苟拢底拢内。

Tax nongd sax ged liongb did liongb neib.

错久修照夯绒，

Cuob jub xiut zhaob hangb rongb,

弟板油照柔穷。

Dix banb yub zhaob rout qiongx.

修哟列扛娘萨你查，

Xiut yod lieb gangb niangb sad nit cat,

油约列扛娘章炯汝。

Yub yod lieb gangb niangb zhuangb jiongx rux.

修哟列扛汝苟猛豆，

Xiut yod lieb gangb rux goub mengt dout,

油约列扛汝公猛炯。

Yub yod lieb gangb rux gongt mengb jiongx.

修哟列扛汝猛产豆，

Xiut yod lieb gangb rux mengb cant dout,

油约列扛汝猛吧就。

Yub yod lieb gangb rux mengb bax jux.

阿——酒——阿——酒——   （摇铃放答）

Ab—jiux—ab—jiux—

喜了祖师要来集中，爱了宗师要来集合。

祖师要来护前，宗师要来保后。

祖师要拥左边，宗师要护右边。

祖师要来成伙，宗师要来成团。

祖师到来到边，宗师到临到齐。

祖师来担来保，宗师来凭来证。

祖师在此桌前，带着主家当神忏悔。

宗师当在桌边，带领主人当祖认错。

忏悔过错——

坏口他去骂日，坏嘴他去骂月。

久晴他说热大，久雨他讲烂汁。

坏口坏嘴他去伤人，恶言恶语他去伤众。

恶言不怕伤人伤众，恶语不怕伤父伤母。

今天也都来错来悔，今日也都来悔来忏。

错了免去一边，悔了赦在一旁。

免了要送坐得清吉，赦了要送居得平安。

免了要送疾病痊好，赦了要送病体痊愈。

免了要送好去千年，赦了要送好过百岁。

神韵——

江久葵汝列拢几葡，

Jiangb jub kuib rux lieb liongb jid pongb，

江半录汝列拢吉屋。

Jiangb banb lub rux lieb liongb jib wul.

葵汝列拢召娄，

Kuib rux lieb liongb zhaob neb，

录汝列拢召追。

Nub rux lieb liongb zhaob zhuix.

葵汝列你苟抓，

Kuib rux lieb nit goud zhuab，

录汝列炯苟尼。

Nub rux lieb jongx goud nib.

葵汝列拢几不，

Kuib rux lieb liongb jid bub，

录汝列拢吉强。

Nub rux lieb liongb jid qiangx.

葵汝休最休走，

Kuib rux xiud zuib xiud zeb,

录汝休走休半。

Nub rux xiud zeb xiud banb.

葵汝几柔几服，

Kuib rux jid roub jid ful,

录汝几柔几录。

Nu rux jid roub jid nub.

葵汝共够几北，

Kuib rux giuongx gout jid beib,

几油列苟猛错猛炯。

Jid youb lieb ged mengb cuob mengb jiongd.

录汝共便吉走，

Nub rux giuongx biat jib zed,

吉共列苟猛底猛内。

Jib giuongx lieb ged mengb did mengb neib.

几江苟错——

Jid jiangb ged cuob—

窝拔几扑得松得萨，

Aob pad jib pud deit songt deit sad,

窝浓吉板得度得树。

Aob niuongx jib banb deit dux deit shux.

麻见扑洞几见，

Mab jianb pub dongt jid jianb,

麻汝扑见久汝。

Mab rux pud jianb jid jianb.

麻果扑见麻乖，

Mab guet pud jianb mab gweit,

麻单扑见麻酷。

Mab dand pud jianb mab kud.

他拢莎苟拢错拢炯，

Tax nongd sax ged liongb cuob liongb jiongd,

他拢莎苟拢底拢内。

Tax nongd sax ged liongb did liongb neib.

错久修照夯绒，

Cuob jub xiut zhaob hangb rongb,

弟板油照柔穷。

Dix banb yub zhaob rout qiongx.

修哟列扛娘萨你查，

Xiut yod lieb gangb niangb sad nit cat,

油约列扛娘章炯汝。

Yub yod lieb gangb niangb zhuangb jiongx rux.

修哟列扛汝苟猛豆，

Xiut yod lieb gangb rux goub mengt dout,

油约列扛汝公猛炯。

Yub yod lieb gangb rux gongt mengb jiongx.

修哟列扛汝猛产豆，

Xiut yod lieb gangb rux mengb cant dout,

油约列扛汝猛吧就。

Yub yod lieb gangb rux mengb bax jux.

阿——酒——阿——酒——　　　　　　　　　（摇铃放答）

Ab—jiux—ab—jiux—

喜了祖师要来集中，爱了宗师要来集合。

祖师要来护前，宗师要来保后。

祖师要拥左边，宗师要护右边。

祖师要来成伙，宗师要来成团。

祖师到来到边，宗师到临到齐。

祖师来担来保，宗师来凭来证。

祖师在此桌前，带着主家当神忏悔。

宗师当在桌边，带领主人当祖认错。

忏悔过错——

女人乱造口角言语，男人乱讲唆事弄非。

正的说成歪的，好的说成坏的。

白的说成黑的，真的说成假的。

今天也都来错来悔，今日也都来悔来忏。

错了免去一边，悔了赦在一旁。

免了要送坐得清吉，赦了要送居得平安。

免了要送疾病痊好，赦了要送病体痊愈。

免了要送好去千年，赦了要送好过百岁。

神韵——

江久葵汝列拢几葡，

Jiangb jub kuib rux lieb liongb jid pongb,

江半录汝列拢吉屋。

Jiangb banb lub rux lieb liongb jib wul.

葵汝列拢召娄，

Kuib rux lieb liongb zhaob neb,

录汝列拢召追。

Nub rux lieb liongb zhaob zhuix.

葵汝列你苟抓，

Kuib rux lieb nit goud zhuab,

录汝列炯苟尼。

Nub rux lieb jongx goud nib.

葵汝列拢几不，

Kuib rux lieb liongb jid bub,

录汝列拢吉强。

Nub rux lieb liongb jid qiangx.

葵汝休最休走，

Kuib rux xiud zuib xiud zeb,

录汝休走休半。

Nub rux xiud zeb xiud banb.

葵汝几柔几服，

Kuib rux jid roub jid ful,

录汝几柔几录。

Nu rux jid roub jid nub.

葵汝共够几北，

Kuib rux giuongx gout jid beib,

几油列苟猛错猛炯。

Jid youb lieb ged mengb cuob mengb jiongd.

录汝共便吉走，

Nub rux giuongx biat jib zed，

吉共列苟猛底猛内。

Jib giuongx lieb ged mengb did mengb neib.

几江苟错——

Jid jiangb ged cuob—

几纵棍缪，

Jid zongb gunt mioub，

吉秋棍昂。

Jib quix gunt angb.

虐西酒齐昂汝、

Nub xit jiut qit angb rux、

内出呕得报碗、

Neib chud out deib baob wanb、

洽候洽底，

Qiax hex qiax did，

虐夏酒江昂明、

Nub xiax jiut jiangb angb miuongb、

内出呕秋报叫、

Neib chud out quix baob jiaox、

洽楼洽杀。

Qiax noub qiax shab.

他拢酒齐昂汝、

Tax nongd jiud qit angb rux、

内出阿得报碗、

Neib chud ad deib baob wanb、

几候几底，

Jid hex jib dix，

他拢酒汪昂明、

Tax nongd jiud wangb angb miuongb、

内出阿秋报叫、

Neib chub ab quix baob jiaox、

几楼几杀。

Jid noub jid shab.

炯那几服毕包，

Jiongt ant jit ful bid beb，

炯苟几龙楼归。

Jiongt goud jit longb noub guib.

炯那几服炯绒拢单，

Jiongt nat jit ful jiongt rongb liongb dand，

炯苟几龙炯棍拢送。

Jiongt goud jid longb jiongt gunt liongb songx.

他拢莎苟拢错拢炯，

Tax nongd sax ged liongb cuob liongb jiongd，

他拢莎苟拢底拢内。

Tax nongd sax ged liongb did liongb neib.

错久修照夯绒，

Cuob jub xiut zhaob hangb rongb，

弟板油照柔穷。

Dix banb yub zhaob rout qiongx.

修哟列扛娘萨你查，

Xiut yod lieb gangb niangb sad nit cat，

油约列扛娘章炯汝。

Yub yod lieb gangb niangb zhuangb jiongx rux.

修哟列扛汝苟猛豆，

Xiut yod lieb gangb rux goub mengt dout，

油约列扛汝公猛炯。

Yub yod lieb gangb rux gongt mengb jiongx.

修哟列扛汝猛产豆，

Xiut yod lieb gangb rux mengb cant dout，

油约列扛汝猛吧就。

Yub yod lieb gangb rux mengb bax jux.

阿——酒——阿——酒——　　　　　　　　（摇铃放答）

Ab—jiux—ab—jiux—

喜了祖师要来集中，爱了宗师要来集合。

祖师要来护前，宗师要来保后。

祖师要拥左边，宗师要护右边。

祖师要来成伙，宗师要来成团。

祖师到来到边，宗师到临到齐。

祖师来担来保，宗师来凭来证。

祖师在此桌前，带着主家当神忏悔。

宗师当在桌边，带领主人当祖认错。

忏悔过错——

鱼神之所，肉神之处。

以前的净酒好肉、

人做两处下锅、恐差恐错，

过去的甜酒供肉、

人做两处下鼎、恐错恐犯。

今天的净酒好肉、

人做一处下锅、不差不错，

今日的甜酒供肉、

人做一处下鼎、不错不犯。①

哥兄不喝得发，老弟不吃得旺。

哥兄不喝祭祖得到，老弟不吃敬神得灵。

今天也都来错来悔，今日也都来悔来忏。

错了免去一边，悔了赦在一旁。

免了要送坐得清吉，赦了要送居得平安。

免了要送疾病痊好，赦了要送病体痊愈。

免了要送好去千年，赦了要送好过百岁。

神韵——

注：①鱼神之所……不错不犯——这几句指的是阴间的司肉神及阳间的厨官刀手没有匿藏供肉。

江久葵汝列拢几葡，

Jiangb jub kuib rux lieb liongb jid pongb,

江半录汝列拢吉屋。

Jiangb banb lub rux lieb liongb jib wul.

葵汝列拢召娄，

Kuib rux lieb liongb zhaob neb，

录汝列拢召追。

Nub rux lieb liongb zhaob zhuix.

葵汝列你苟抓，

Kuib rux lieb nit goud zhuab，

录汝列炯苟尼。

Nub rux lieb jongx goud nib.

葵汝列拢几不，

Kuib rux lieb liongb jid bub，

录汝列拢吉强。

Nub rux lieb liongb jid qiangx.

葵汝休最休走，

Kuib rux xiud zuib xiud zeb，

录汝休走休半。

Nub rux xiud zeb xiud banb.

葵汝几柔几服，

Kuib rux jid roub jid ful，

录汝几柔几录。

Nu rux jid roub jid nub.

葵汝共够几北，

Kuib rux giuongx gout jid beib，

几油列苟猛错猛炯。

Jid youb lieb ged mengb cuob mengb jiongd.

录汝共便吉走，

Nub rux giuongx biat jib zed，

吉共列苟猛底猛内。

Jib giuongx lieb ged mengb did mengb neib.

几江苟错——

Jid jiangb ged cuob—

以留西向，

Yid liub xid xiangt，

意苟格补。

Yib geb gib bub.

虐西酒齐昂汝、

Nub xit jiut qit angb rux、

内出呕得报碗、

Neib chud out deib baob wanb、

洽候洽底,

Qiax hex qiax did,

虐夏酒江昂明、

Nub xiax jiut jiangb angb miuongb、

内出呕秋报叫、

Neib chud out quix baob jiaox、

洽楼洽杀。

Qiax noub qiax shab.

他拢酒齐昂汝、

Tax nongd jiud qit angb rux、

内出阿得报碗、

Neib chud ad deib baob wanb、

几候几底,

Jid hex jib dix,

他拢酒汪昂明、

Tax nongd jiud wangb angb miuongb、

内出阿秋报叫、

Neib chub ab quix baob jiaox、

几楼几杀。

Jid noub jid shab.

炯那几服毕包,

Jiongt ant jit ful bid beb,

炯苟几龙楼归。

Jiongt goud jit longb noub guib.

炯那几服炯绒拢单,

Jiongt nat jit ful jiongt rongb liongb dand,

炯苟几龙炯棍拢送。

Jiongt goud jid longb jiongt gunt liongb songx.

他拢莎苟拢错拢炯，

Tax nongd sax ged liongb cuob liongb jiongd，

他拢莎苟拢底拢内。

Tax nongd sax ged liongb did liongb neib.

错久修照夯绒，

Cuob jub xiut zhaob hangb rongb，

弟板油照柔穷。

Dix banb yub zhaob rout qiongx.

修哟列扛娘萨你查，

Xiut yod lieb gangb niangb sad nit cat，

油约列扛娘章炯汝。

Yub yod lieb gangb niangb zhuangb jiongx rux.

修哟列扛汝苟猛豆，

Xiut yod lieb gangb rux goub mengt dout，

油约列扛汝公猛炯。

Yub yod lieb gangb rux gongt mengb jiongx.

修哟列扛汝猛产豆，

Xiut yod lieb gangb rux mengb cant dout，

油约列扛汝猛吧就。

Yub yod lieb gangb rux mengb bax jux.

阿——酒——阿——酒——　　　　　　　　（摇铃放筶）

Ab—jiux—ab—jiux—

喜了祖师要来集中，爱了宗师要来集合。

祖师要来护前，宗师要来保后。

祖师要拥左边，宗师要护右边。

祖师要来成伙，宗师要来成团。

祖师到来到边，宗师到临到齐。

祖师来担来保，宗师来凭来证。

祖师在此桌前，带着主家当神忏悔。

宗师当在桌边，带领主人当祖认错。

忏悔过错——

家先之所，祖先之处。

以前的净酒好肉、

人做两处下锅、恐差恐错,

过去的甜酒供肉、

人做两处下鼎、恐错恐犯。

今天的净酒好肉、

人做一处下锅、不差不错,

今日的甜酒供肉、

人做一处下鼎、不错不犯。[①]

哥兄不喝得发,老弟不吃得旺。

哥兄不喝祭祖得到,老弟不吃敬神得灵。

今天也都来错来悔,今日也都来悔来忏。

错了免去一边,悔了赦在一旁。

免了要送坐得清吉,赦了要送居得平安。

免了要送疾病痊好,赦了要送病体痊愈。

免了要送好去千年,赦了要送好过百岁。

神韵——

注：①家先之所……不错不犯——这几句指的是信士的家先们在敬奉元祖神的祭祀中没有匿藏供肉。

江久葵汝列拢几葡,

Jiangb jub kuib rux lieb liongb jid pongb,

江半录汝列拢吉屋。

Jiangb banb lub rux lieb liongb jib wul.

葵汝列拢召娄,

Kuib rux lieb liongb zhaob neb,

录汝列拢召追。

Nub rux lieb liongb zhaob zhuix.

葵汝列你苟抓,

Kuib rux lieb nit goud zhuab,

录汝列炯苟尼。

Nub rux lieb jongx goud nib.

葵汝列拢几不,

Kuib rux lieb liongb jid bub,

录汝列拢吉强。

Nub rux lieb liongb jid qiangx.

葵汝休最休走，

Kuib rux xiud zuib xiud zeb,

录汝休走休半。

Nub rux xiud zeb xiud banb.

葵汝几柔几服，

Kuib rux jid roub jid ful,

录汝几柔几录。

Nu rux jid roub jid nub.

葵汝共够几北，

Kuib rux giuongx gout jid beib,

几油列苟猛错猛炯。

Jid youb lieb ged mengb cuob mengb jiongd.

录汝共便吉走，

Nub rux giuongx biat jib zed,

吉共列苟猛底猛内。

Jib giuongx lieb ged mengb did mengb neib.

几江苟错——

Jid jiangb ged cuob—

麻平爬兵几嘎鸟斗，

Mab piongb piat biongb jid giat niaob dout,

麻兰爬报几片鸟乡。

Mab lab piat baob jid piant niaob xiangd.

且恩几嘎苟格苟分，

Quet engb jid giab goud gieb goud fengt,

目图几片苟钢苟级。

Quex tub jid piant goud gangb goud jib.

他拢莎苟拢错拢炯，

Tax nongd sax ged liongb cuob liongb jiongd,

他拢莎苟拢底拢内。

Tax nongd sax ged liongb did liongb neib.

错久修照夯绒，

Cuob jub xiut zhaob hangb rongb,

弟板油照柔穷。

Dix banb yub zhaob rout qiongx.

修哟列扛娘萨你查，

Xiut yod lieb gangb niangb sad nit cat,

油约列扛娘章炯汝。

Yub yod lieb gangb niangb zhuangb jiongx rux.

修哟列扛汝苟猛豆，

Xiut yod lieb gangb rux goub mengt dout,

油约列扛汝公猛炯。

Yub yod lieb gangb rux gongt mengb jiongx.

修哟列扛汝猛产豆，

Xiut yod lieb gangb rux mengb cant dout,

油约列扛汝猛吧就。

Yub yod lieb gangb rux mengb bax jux.

阿——酒——阿——酒——   （摇铃放笞）

Ab—jiux—ab—jiux—

喜了祖师要来集中，爱了宗师要来集合。

祖师要来护前，宗师要来保后。

祖师要拥左边，宗师要护右边。

祖师要来成伙，宗师要来成团。

祖师到来到边，宗师到临到齐。

祖师来担来保，宗师来凭来证。

祖师在此桌前，带着主家当神忏悔。

宗师当在桌边，带领主人当祖认错。

忏悔过错——

平斗借出欺瞒粮斗，尖升收进欺瞒米升。

金秤欺瞒分分厘厘，木秤欺瞒斤斤两两。

今天也都来错来悔，今日也都来悔来忏。

错了免去一边，悔了赦在一旁。

免了要送坐得清吉，赦了要送居得平安。

免了要送疾病痊好，赦了要送病体痊愈。

免了要送好去千年，赦了要送好过百岁。

神韵——

江久葵汝列拢几葡，

Jiangb jub kuib rux lieb liongb jid pongb,

江半录汝列拢吉屋。

Jiangb banb lub rux lieb liongb jib wul.

葵汝列拢召娄，

Kuib rux lieb liongb zhaob neb,

录汝列拢召追。

Nub rux lieb liongb zhaob zhuix.

葵汝列你苟抓，

Kuib rux lieb nit goud zhuab,

录汝列炯苟尼。

Nub rux lieb jongx goud nib.

葵汝列拢几不，

Kuib rux lieb liongb jid bub,

录汝列拢吉强。

Nub rux lieb liongb jid qiangx.

葵汝休最休走，

Kuib rux xiud zuib xiud zeb,

录汝休走休半。

Nub rux xiud zeb xiud banb.

葵汝几柔几服，

Kuib rux jid roub jid ful,

录汝几柔几录。

Nu rux jid roub jid nub.

葵汝共够几北，

Kuib rux giuongx gout jid beib,

几油列苟猛错猛炯。

Jid youb lieb ged mengb cuob mengb jiongd.

录汝共便吉走，

Nub rux giuongx biat jib zed,

吉共列苟猛底猛内。

Jib giuongx lieb ged mengb did mengb neib.

几江苟错——

Jid jiangb ged cuob—

补茶冬绒，

But cat dongt rongb,

补走冬棍。

But zoub dongt gunt.

牛绒牛棍，

Niub rongb niub gunt,

牛标牛睡。

Niub bioud niub shuix.

几得几北昂怕，

Jid deib jid beib angb pat,

吉秋吉将公柔。

Jib quix jib jiangx gongd reb.

几得几北炯达，

Jid deib jid beid jiongx dab,

吉秋吉瓦炯周。

Jib quix jib wab jionx zhoud.

鸟茶几没到服，

Niaob cat jid meib daox fub,

弄然几没到龙。

Nongx rab jid meib daox longb.

他拢莎苟拢错拢炯，

Tax nongd sax goud liongb cuob liongb jiongx,

他拢莎苟拢底拢内。

Tax nongd sax goud liongb did liongb neib.

错久修照夯绒，

Cuob jub xiut zhaob hangb rongb,

弟板油照柔穷。

Dix banb yub zhaob rout qiongx.

修哟列扛娘萨你査，

Xiut yod lieb gangb niangb sad nit cat,

油约列扛娘章炯汝。

Yub yod lieb gangb niangb zhuangb jiongx rux.

修哟列扛汝苟猛豆，

Xiut yod lieb gangb rux goub mengt dout,

油约列扛汝公猛炯。

Yub yod lieb gangb rux gongt mengb jiongx.

修哟列扛汝猛产豆，

Xiut yod lieb gangb rux mengb cant dout,

油约列扛汝猛吧就。

Yub yod lieb gangb rux mengb bax jux.

阿——酒——阿——酒——　　　　　　　　（摇铃放答）

Ab—jiux—ab—jiux—

喜了祖师要来集中，爱了宗师要来集合。

祖师要来护前，宗师要来保后。

祖师要拥左边，宗师要护右边。

祖师要来成伙，宗师要来成团。

祖师到来到边，宗师到临到齐。

祖师来担来保，宗师来凭来证。

祖师在此桌前，带着主家当神忏悔。

宗师当在桌边，带领主人当祖认错。

忏悔过错——

阴间之地，冥界之所。

牛尊牛祖，牛尊牛贵①。

阴间分供肉之所，阴间分供粑之处。

分配七呈之所，分散七献之处②。

家祖的口中没有得喝，家先的嘴内没有得吃。

今天也都来错来悔，今日也都来悔来忏。

错了免去一边，悔了赦在一旁。

免了要送坐得清吉，赦了要送居得平安。

免了要送疾病痊好，赦了要送病体痊愈。

免了要送好去千年，赦了要送好过百岁。

神韵——

注：①牛尊牛祖，牛尊牛贵——指椎牛所祭的大祖神。
②七呈、七献——指吃猪所敬的元祖神。

江久葵汝列拢几葡，
Jiangb jub kuib rux lieb liongb jid pongb,
江半录汝列拢吉屋。
Jiangb banb lub rux lieb liongb jib wul.
葵汝列拢召娄，
Kuib rux lieb liongb zhaob neb,
录汝列拢召追。
Nub rux lieb liongb zhaob zhuix.
葵汝列你苟抓，
Kuib rux lieb nit goud zhuab,
录汝列炯苟尼。
Nub rux lieb jongx goud nib.
葵汝列拢几不，
Kuib rux lieb liongb jid bub,
录汝列拢吉强。
Nub rux lieb liongb jid qiangx.
葵汝休最休走，
Kuib rux xiud zuib xiud zeb,
录汝休走休半。
Nub rux xiud zeb xiud banb.
葵汝几柔几服，
Kuib rux jid roub jid ful,
录汝几柔几录。
Nu rux jid roub jid nub.
葵汝共够几北，
Kuib rux giuongx gout jid beib,
几油列苟猛错猛炯。

Jid youb lieb ged mengb cuob mengb jiongd.

录汝共便吉走，

Nub rux giuongx biat jib zed，

吉共列苟猛底猛内。

Jib giuongx lieb ged mengb did mengb neib.

几江苟错——

Jid jiangb ged cuob—

阿伞牛如图照，

Ai sail niub rub tux zhaox，

几得声格、

Jid deib shongt gieb、

吉秋洽陇。

Jib quix qiax liongs.

声格乙如，

Shongt gieb yib rub，

洽陇乙强。

Qiax liongb yib qiangx.

干力干转，

Gand lib gand zhuanb，

嘎同嘎他。

Giad tongb giad tax.

阿约为——

Ab yob weib—

错久得竹列扛娘萨，

Cuob jub deit zhub lieb gangb niangb sad，

弟板吉标列扛娘章。

Dix banb jib bioud lieb gangb niangb zhuangb.

他拢莎苟拢错拢炯，

Tax nongd sax ged liongb cuob liongb jiongd，

他拢莎苟拢底拢内。

Tax nongd sax ged liongb did liongb neib.

错久修照夯绒，

Cuob jub xiut zhaob hangb rongb，

弟板油照柔穷。

Dix banb yub zhaob rout qiongx.

修哟列扛娘萨你查，

Xiut yod lieb gangb niangb sad nit cat,

油约列扛娘章炯汝。

Yub yod lieb gangb niangb zhuangb jiongx rux.

修哟列扛汝苟猛豆，

Xiut yod lieb gangb rux goub mengt dout,

油约列扛汝公猛炯。

Yub yod lieb gangb rux gongt mengb jiongx.

修哟列扛汝猛产豆，

Xiut yod lieb gangb rux mengb cant dout,

油约列扛汝猛吧就。

Yub yod lieb gangb rux mengb bax jux.

阿——酒——阿——酒——　　　　　　　　（摇铃放筶）

Ab—jiux—ab—jiux—

喜了祖师要来集中，爱了宗师要来集合。

祖师要来护前，宗师要来保后。

祖师要拥左边，宗师要护右边。

祖师要来成伙，宗师要来成团。

祖师到来到边，宗师到临到齐。

祖师来担来保，宗师来凭来证。

祖师在此桌前，带着主家当神忏悔。

宗师当在桌边，带领主人当祖认错。

忏悔过错——

一番阳间大祭之所。[①]

歌唱场中，鼓舞堂内。

歌声震天，鼓舞动地。

窜去窜来，跳上跳下。

呼叫声——

忏了家中要送清吉，悔了家内要送平安。

今天也都来错来悔，今日也都来悔来忏。

错了免去一边，悔了赦在一旁。

免了要送坐得清吉，赦了要送居得平安。

免了要送疾病痊好，赦了要送病体痊愈。

免了要送好去千年，赦了要送好过百岁。

神韵——

注：①大祭之所——指椎牛鼓场。

江久葵汝列拢几葡，
Jiangb jub kuib rux lieb liongb jid pongb，
江半录汝列拢吉屋。
Jiangb banb lub rux lieb liongb jib wul.
葵汝列拢召娄，
Kuib rux lieb liongb zhaob neb，
录汝列拢召追。
Nub rux lieb liongb zhaob zhuix.
葵汝列你苟抓，
Kuib rux lieb nit goud zhuab，
录汝列炯苟尼。
Nub rux lieb jongx goud nib.
葵汝列拢几不，
Kuib rux lieb liongb jid bub，
录汝列拢吉强。
Nub rux lieb liongb jid qiangx.
葵汝休最休走，
Kuib rux xiud zuib xiud zeb，
录汝休走休半。
Nub rux xiud zeb xiud banb.
葵汝几柔几服，
Kuib rux jid roub jid ful，
录汝几柔几录。
Nu rux jid roub jid nub.
葵汝共够几北，

Kuib rux giuongx gout jid beib,

几油列苟猛错猛炯。

Jid youb lieb ged mengb cuob mengb jiongd.

录汝共便吉走，

Nub rux giuongx biat jib zed,

吉共列苟猛底猛内。

Jib giuongx lieb ged mengb did mengb neib.

几江苟错——

Jid jiangb ged cuob——

虐西得忙巧起，

Nub xit deit mangb qiaot qit,

苟龙几穷格留洞绒，

Goub longb jit qiongb gid liub dongt rongb,

苟到吉话腊绒棍冬。

Goud daox jib huax lab rongb gunt dongt.

吾嘎八容，

Wut giad biab yongb,

葡窝否浪记秀，

Pud aox woub nangb jit xiut,

八窝否浪几得。

Biab aox woub nangb jid deib.

扛否照比夫拿棉绒，

Gangb woub zhaob bid fud nab mianb rongb,

照起昂拿陇棍。

Zhaob qit angb nab liongs gunt.

他拢莎苟拢错拢炯，

Tax nongd sax ged liongb cuob liongb jiongd,

他拢莎苟拢底拢内。

Tax nongd sax ged liongb did liongb neib.

错久修照夯绒，

Cuob jub xiut zhaob hangb rongb,

弟板油照柔穷。

Dix banb yub zhaob rout qiongx.

修哟列扛娘萨你查,

Xiut yod lieb gangb niangb sad nit cat,

油约列扛娘章炯汝。

Yub yod lieb gangb niangb zhuangb jiongx rux.

修哟列扛汝苟猛豆,

Xiut yod lieb gangb rux goub mengt dout,

油约列扛汝公猛炯。

Yub yod lieb gangb rux gongt mengb jiongx.

修哟列扛汝猛产豆,

Xiut yod lieb gangb rux mengb cant dout,

油约列扛汝猛吧就。

Yub yod lieb gangb rux mengb bax jux.

阿——酒——阿——酒——   （摇铃放筶）

Ab—jiux—ab—jiux—

喜了祖师要来集中,爱了宗师要来集合。

祖师要来护前,宗师要来保后。

祖师要拥左边,宗师要护右边。

祖师要来成伙,宗师要来成团。

祖师到来到边,宗师到临到齐。

祖师来担来保,宗师来凭来证。

祖师在此桌前,带着主家当神忏悔。

宗师当在桌边,带领主人当祖认错。

忏悔过错——

过去坏心之人,

用刀来砍阴间神堂,用斧来劈阴间神殿。

罪恶之水,

洒着他的衣服,泼着他的身体。

让他头肿大如神鼓,腹胀大如神筐(鼓筐)。

今天也都来错来悔,今日也都来悔来忏。

错了免去一边,悔了赦在一旁。

免了要送坐得清吉,赦了要送居得平安。

免了要送疾病痊好,赦了要送病体痊愈。

免了要送好去千年，赦了要送好过百岁。

神韵——

江久葵汝列拢几葡，

Jiangb jub kuib rux lieb liongb jid pongb，

江半录汝列拢吉屋。

Jiangb banb lub rux lieb liongb jib wul.

葵汝列拢召娄，

Kuib rux lieb liongb zhaob neb，

录汝列拢召追。

Nub rux lieb liongb zhaob zhuix.

葵汝列你苟抓，

Kuib rux lieb nit goud zhuab，

录汝列炯苟尼。

Nub rux lieb jongx goud nib.

葵汝列拢几不，

Kuib rux lieb liongb jid bub，

录汝列拢吉强。

Nub rux lieb liongb jid qiangx.

葵汝休最休走，

Kuib rux xiud zuib xiud zeb，

录汝休走休半。

Nub rux xiud zeb xiud banb.

葵汝几柔几服，

Kuib rux jid roub jid ful，

录汝几柔几录。

Nu rux jid roub jid nub.

葵汝共够几北，

Kuib rux giuongx gout jid beib，

几油列苟猛错猛炯。

Jid youb lieb ged mengb cuob mengb jiongd.

录汝共便吉走，

Nub rux giuongx biat jib zed，

吉共列苟猛底猛内。

Jib giuongx lieb ged mengb did mengb neib.

几江苟错——

Jid jiangb ged cuob—

奶格秋内浪得，

Leit gietquix neib nangb deib,

窝起江内浪欧。

Aot qit jiangb neib nangb oud.

几善吉昂扑麻加萨，

Jid shait jib angb pud mab jiad sad,

几良几酷出麻加事。

Jid liat jid kud chud mab jiad sout.

拆内浪桥柔几瓜，

Ceib neib nangb qiaob rout jid guab,

翻内浪桥图吉抓。

Fand neib nangb qiaob tub jid zhuab.

他拢莎苟拢错拢炯，

Tax nongd sax ged liongb cuob liongb jiongd,

他拢莎苟拢底拢内。

Tax nongd sax ged liongb did liongb neib.

错久修照夯绒，

Cuob jub xiut zhaob hangb rongb,

弟板油照柔穷。

Dix banb yub zhaob rout qiongx.

修哟列扛娘萨你查，

Xiut yod lieb gangb niangb sad nit cat,

油约列扛娘章炯汝。

Yub yod lieb gangb niangb zhuangb jiongx rux.

修哟列扛汝苟猛豆，

Xiut yod lieb gangb rux goub mengt dout,

油约列扛汝公猛炯。

Yub yod lieb gangb rux gongt mengb jiongx.

修哟列扛汝猛产豆，

Xiut yod lieb gangb rux mengb cant dout,
油约列扛汝猛吧就。
Yub yod lieb gangb rux mengb bax jux.
阿——酒——阿——酒——　　　　　　　　　（摇铃放答）
Ab—jiux—ab—jiux—

喜了祖师要来集中，爱了宗师要来集合。
祖师要来护前，宗师要来保后。
祖师要拥左边，宗师要护右边。
祖师要来成伙，宗师要来成团。
祖师到来到边，宗师到临到齐。
祖师来担来保，宗师来凭来证。
祖师在此桌前，带着主家当神忏悔。
宗师当在桌边，带领主人当祖认错。
忏悔过错——
眼中喜欢他人妻儿，心内喜爱他人妻女。
躲躲闪闪暗中教唆，鬼鬼祟祟做起坏事。
拆他人的岩桥垮倒，掀别人的木桥垮断。
今天也都来错来悔，今日也都来悔来忏。
错了免去一边，悔了赦在一旁。
免了要送坐得清吉，赦了要送居得平安。
免了要送疾病痊好，赦了要送病体痊愈。
免了要送好去千年，赦了要送好过百岁。
神韵——

江久葵汝列拢几葡，
Jiangb jub kuib rux lieb liongb jid pongb,
江半录汝列拢吉屋。
Jiangb banb lub rux lieb liongb jib wul.
葵汝列拢召娄，
Kuib rux lieb liongb zhaob neb,
录汝列拢召追。
Nub rux lieb liongb zhaob zhuix.

葵汝列你苟抓，

Kuib rux lieb nit goud zhuab,

录汝列炯苟尼。

Nub rux lieb jongx goud nib.

葵汝列拢几不，

Kuib rux lieb liongb jid bub,

录汝列拢吉强。

Nub rux lieb liongb jid qiangx.

葵汝休最休走，

Kuib rux xiud zuib xiud zeb,

录汝休走休半。

Nub rux xiud zeb xiud banb.

葵汝几柔几服，

Kuib rux jid roub jid ful,

录汝几柔几录。

Nu rux jid roub jid nub.

葵汝共够几北，

Kuib rux giuongx gout jid beib,

几油列苟猛错猛炯。

Jid youb lieb ged mengb cuob mengb jiongd.

录汝共便吉走，

Nub rux giuongx biat jib zed,

吉共列苟猛底猛内。

Jib giuongx lieb ged mengb did mengb neib.

几江苟错——

Jid jiangb ged cuob—

几边内浪窝见窝嘎，

Jid biant neib nangb aot jianb aob giax,

几挂内浪窝得窝欧。

Jid guat neib nangb aot deit aob oud.

几占内浪窝标窝斗，

Jid zhuanb neib nangb aob bioud aob deb,

八占内浪窝家窝业。

Bad zhuanb neib nangb aob jiad aob yueb.

内浪否腊扑见否浪，

Neib nangb woub lab pud jianb woub nangb，

窝刀腊内久干咱穷。

Aob diaox lab neib jut ganb zad qiongb.

他拢莎苟拢错拢炯，

Tax nongd sax ged liongb cuob liongb jiongd，

他拢莎苟拢底拢内。

Tax nongd sax ged liongb did liongb neib.

错久修照夯绒，

Cuob jub xiut zhaob hangb rongb，

弟板油照柔穷。

Dix banb yub zhaob rout qiongx.

修哟列扛娘萨你查，

Xiut yod lieb gangb niangb sad nit cat，

油约列扛娘章炯汝。

Yub yod lieb gangb niangb zhuangb jiongx rux.

修哟列扛汝苟猛豆，

Xiut yod lieb gangb rux goub mengt dout，

油约列扛汝公猛炯。

Yub yod lieb gangb rux gongt mengb jiongx.

修哟列扛汝猛产豆，

Xiut yod lieb gangb rux mengb cant dout，

油约列扛汝猛吧就。

Yub yod lieb gangb rux mengb bax jux.

阿——酒——阿——酒——   （摇铃放答）

Ab—jiux—ab—jiux—

喜了祖师要来集中，爱了宗师要来集合。

祖师要来护前，宗师要来保后。

祖师要拥左边，宗师要护右边。

祖师要来成伙，宗师要来成团。

祖师到来到边，宗师到临到齐。

祖师来担来保，宗师来凭来证。

祖师在此桌前，带着主家当神忏悔。

宗师当在桌边，带领主人当祖认错。

忏悔过错——

欺骗别人钱米财物，勾引别人爱妻小妾。

争夺他人的家宅房屋，霸占别人的财产家业。

别人的说成是他的，利刀割人隐不见血。

今天也都来错来悔，今日也都来悔来忏。

错了免去一边，悔了赦在一旁。

免了要送坐得清吉，赦了要送居得平安。

免了要送疾病痊好，赦了要送病体痊愈。

免了要送好去千年，赦了要送好过百岁。

神韵——

江久葵汝列拢几葡，

Jiangb jub kuib rux lieb liongb jid pongb,

江半录汝列拢吉屋。

Jiangb banb lub rux lieb liongb jib wul.

葵汝列拢召娄，

Kuib rux lieb liongb zhaob neb,

录汝列拢召追。

Nub rux lieb liongb zhaob zhuix.

葵汝列你苟抓，

Kuib rux lieb nit goud zhuab,

录汝列炯苟尼。

Nub rux lieb jongx goud nib.

葵汝列拢几不，

Kuib rux lieb liongb jid bub,

录汝列拢吉强。

Nub rux lieb liongb jid qiangx.

葵汝休最休走，

Kuib rux xiud zuib xiud zeb,

录汝休走休半。

Nub rux xiud zeb xiud banb.

葵汝几柔几服,

Kuib rux jid roub jid ful,

录汝几柔几录。

Nu rux jid roub jid nub.

葵汝共够几北,

Kuib rux giuongx gout jid beib,

几油列苟猛错猛炯。

Jid youb lieb ged mengb cuob mengb jiongd.

录汝共便吉走,

Nub rux giuongx biat jib zed,

吉共列苟猛底猛内。

Jib giuongx lieb ged mengb did mengb neib.

几江苟错——

Jid jiangb ged cuob—

苟能乱都内浪得拢,

Goud nongb luanx dud neib nangb deib liongd,

苟到乱扣内浪得图。

Goud daox luanx ked neib nangb deit tux.

达尼几达内浪粮西,

Dab nieb jid dab neib nangb liangb xit,

打油吉抓内浪粮米。

Dab yub jib zhuax neib nangb liangb mid.

他拢莎苟拢错拢炯,

Tax nongd sax ged liongb cuob liongb jiongd,

他拢莎苟拢底拢内。

Tax nongd sax ged liongb did liongb neib.

错久修照夯绒,

Cuob jub xiut zhaob hangb rongb,

弟板油照柔穷。

Dix banb yub zhaob rout qiongx.

修哟列扛娘萨你查,

Xiut yod lieb gangb niangb sad nit cat,

油约列扛娘章炯汝。

Yub yod lieb gangb niangb zhuangb jiongx rux.

修哟列扛汝苟猛豆，

Xiut yod lieb gangb rux goub mengt dout，

油约列扛汝公猛炯。

Yub yod lieb gangb rux gongt mengb jiongx.

修哟列扛汝猛产豆，

Xiut yod lieb gangb rux mengb cant dout，

油约列扛汝猛吧就。

Yub yod lieb gangb rux mengb bax jux.

阿——酒——阿——酒——　　　　　　　　　　（摇铃放筶）

Ab—jiux—ab—jiux—

　　喜了祖师要来集中，爱了宗师要来集合。
　　祖师要来护前，宗师要来保后。
　　祖师要拥左边，宗师要护右边。
　　祖师要来成伙，宗师要来成团。
　　祖师到来到边，宗师到临到齐。
　　祖师来担来保，宗师来凭来证。
　　祖师在此桌前，带着主家当神忏悔。
　　宗师当在桌边，带领主人当祖认错。
　　忏悔过错——
　　抬刀乱砍他人竹子，用斧乱伐别人树木。
　　水牯乱踏别人庄稼，黄牛乱踩别家田地。
　　今天也都来错来悔，今日也都来悔来忏。
　　错了免去一边，悔了赦在一旁。
　　免了要送坐得清吉，赦了要送居得平安。
　　免了要送疾病痊好，赦了要送病体痊愈。
　　免了要送好去千年，赦了要送好过百岁。
　　神韵——

江久葵汝列拢几葡，

Jiangb jub kuib rux lieb liongb jid pongb，

江半录汝列拢吉屋。

Jiangb banb lub rux lieb liongb jib wul.

葵汝列拢召娄，

Kuib rux lieb liongb zhaob neb,

录汝列拢召追。

Nub rux lieb liongb zhaob zhuix.

葵汝列你苟抓，

Kuib rux lieb nit goud zhuab,

录汝列炯苟尼。

Nub rux lieb jongx goud nib.

葵汝列拢几不，

Kuib rux lieb liongb jid bub,

录汝列拢吉强。

Nub rux lieb liongb jid qiangx.

葵汝休最休走，

Kuib rux xiud zuib xiud zeb,

录汝休走休半。

Nub rux xiud zeb xiud banb.

葵汝几柔几服，

Kuib rux jid roub jid ful,

录汝几柔几录。

Nu rux jid roub jid nub.

葵汝共够几北，

Kuib rux giuongx gout jid beib,

几油列苟猛错猛炯。

Jid youb lieb ged mengb cuob mengb jiongd.

录汝共便吉走，

Nub rux giuongx biat jib zed,

吉共列苟猛底猛内。

Jib giuongx lieb ged mengb did mengb neib.

几江苟错——

Jid jiangb ged cuob—

嘎内窝冬久退，

Giad neib aot dongt jud tuib，

龙内吧汉久笔。

Longb neib bad hanx jut bib.

窝拔几空出包，

Aob pad jid kongx chud bet，

窝浓几空出篓。

Aob niuongx jid kongx chud loud.

几内出内出总，

Jit neit chud neib chud zongb，

吉忙出绒出棍。

Jib mangb chud rongb chud gunt.

他拢莎苟拢错拢炯，

Tax nongd sax ged liongb cuob liongb jiongd，

他拢莎苟拢底拢内。

Tax nongd sax ged liongb did liongb neib.

错久修照夯绒，

Cuob jub xiut zhaob hangb rongb，

弟板油照柔穷。

Dix banb yub zhaob rout qiongx.

修哟列扛娘萨你查，

Xiut yod lieb gangb niangb sad nit cat，

油约列扛娘章炯汝。

Yub yod lieb gangb niangb zhuangb jiongx rux.

修哟列扛汝苟猛豆，

Xiut yod lieb gangb rux goub mengt dout，

油约列扛汝公猛炯。

Yub yod lieb gangb rux gongt mengb jiongx.

修哟列扛汝猛产豆，

Xiut yod lieb gangb rux mengb cant dout，

油约列扛汝猛吧就。

Yub yod lieb gangb rux mengb bax jux.

阿——酒——阿——酒——   （摇铃放答）

Ab—jiux—ab—jiux—

喜了祖师要来集中，爱了宗师要来集合。

祖师要来护前，宗师要来保后。

祖师要拥左边，宗师要护右边。

祖师要来成伙，宗师要来成团。

祖师到来到边，宗师到临到齐。

祖师来担来保，宗师来凭来证。

祖师在此桌前，带着主家当神忏悔。

宗师当在桌边，带领主人当祖认错。

忏悔过错——

借人东西不退，赊人财物不还。

女人不肯当席，男人不肯当被。

白天是人，晚上是鬼。

今天也都来错来悔，今日也都来悔来忏。

错了免去一边，悔了赦在一旁。

免了要送坐得清吉，赦了要送居得平安。

免了要送疾病痊好，赦了要送病体痊愈。

免了要送好去千年，赦了要送好过百岁。

神韵——

江久葵汝列拢几葡，

Jiangb jub kuib rux lieb liongb jid pongb,

江半录汝列拢吉屋。

Jiangb banb lub rux lieb liongb jib wul.

葵汝列拢召娄，

Kuib rux lieb liongb zhaob neb,

录汝列拢召追。

Nub rux lieb liongb zhaob zhuix.

葵汝列你苟抓，

Kuib rux lieb nit goud zhuab,

录汝列炯苟尼。

Nub rux lieb jongx goud nib.

葵汝列拢几不，

Kuib rux lieb liongb jid bub,

录汝列拢吉强。

Nub rux lieb liongb jid qiangx.

葵汝休最休走，

Kuib rux xiud zuib xiud zeb,

录汝休走休半。

Nub rux xiud zeb xiud banb.

葵汝几柔几服，

Kuib rux jid roub jid ful,

录汝几柔几录。

Nu rux jid roub jid nub.

葵汝共够几北，

Kuib rux giuongx gout jid beib,

几油列苟猛错猛炯。

Jid youb lieb ged mengb cuob mengb jiongd.

录汝共便吉走，

Nub rux giuongx biat jib zed,

吉共列苟猛底猛内。

Jib giuongx lieb ged mengb did mengb neib.

几江苟错——

Jid jiangb ged cuob—

早他粮西粮米，

Zaot tat liangb xid liangb mid,

吉共麻服麻能。

Jib gongx mab fub mab nongb.

抱狗几没冲虾，

Beb guoud jid meib chongx xiad,

抱爬几没冲理。

Beb bax jit meib chongx lid.

背斗几没交夫，

Beid deb jid mib jiaod fud,

背炯几没吉卡。

Beid jiongx jit meib jib kax.

向内向猛半苟，

Xiangt neib xiangt mengb banb ged,

害内害猛半让。

Haix neib haix mengb banb rangb.

他拢莎苟拢错拢炯，

Tax nongd sax ged liongb cuob liongb jiongd,

他拢莎苟拢底拢内。

Tax nongd sax ged liongb did liongb neib.

错久修照夯绒，

Cuob jub xiut zhaob hangb rongb,

弟板油照柔穷。

Dix banb yub zhaob rout qiongx.

修哟列扛娘萨你查，

Xiut yod lieb gangb niangb sad nit cat,

油约列扛娘章炯汝。

Yub yod lieb gangb niangb zhuangb jiongx rux.

修哟列扛汝苟猛豆，

Xiut yod lieb gangb rux goub mengt dout,

油约列扛汝公猛炯。

Yub yod lieb gangb rux gongt mengb jiongx.

修哟列扛汝猛产豆，

Xiut yod lieb gangb rux mengb cant dout,

油约列扛汝猛吧就。

Yub yod lieb gangb rux mengb bax jux.

阿——酒——阿——酒——   （摇铃放笤）

Ab—jiux—ab—jiux—

喜了祖师要来集中，爱了宗师要来集合。

祖师要来护前，宗师要来保后。

祖师要拥左边，宗师要护右边。

祖师要来成伙，宗师要来成团。

祖师到来到边，宗师到临到齐。

祖师来担来保，宗师来凭来证。

祖师在此桌前，带着主家当神忏悔。

宗师当在桌边，带领主人当祖认错。

忏悔过错——

糟蹋五谷粮米，沤烂五谷杂粮。

打狗不讲道理，打猪不讲公道。

防火没有招呼，消防没有做到。

伤人伤到寨中，害人害到寨内。

今天也都来错来悔，今日也都来悔来忏。

错了免去一边，悔了赦在一旁。

免了要送坐得清吉，赦了要送居得平安。

免了要送疾病痊好，赦了要送病体痊愈。

免了要送好去千年，赦了要送好过百岁。

神韵——

江久葵汝列拢几葡，

Jiangb jub kuib rux lieb liongb jid pongb，

江半录汝列拢吉屋。

Jiangb banb lub rux lieb liongb jib wul.

葵汝列拢召娄，

Kuib rux lieb liongb zhaob neb，

录汝列拢召追。

Nub rux lieb liongb zhaob zhuix.

葵汝列你苟抓，

Kuib rux lieb nit goud zhuab，

录汝列炯苟尼。

Nub rux lieb jongx goud nib.

葵汝列拢几不，

Kuib rux lieb liongb jid bub，

录汝列拢吉强。

Nub rux lieb liongb jid qiangx.

葵汝休最休走，

Kuib rux xiud zuib xiud zeb，

录汝休走休半。

Nub rux xiud zeb xiud banb.

葵汝几柔几服，

Kuib rux jid roub jid ful,

录汝几柔几录。

Nu rux jid roub jid nub.

葵汝共够几北，

Kuib rux giuongx gout jid beib,

几油列苟猛错猛炯。

Jid youb lieb ged mengb cuob mengb jiongd.

录汝共便吉走，

Nub rux giuongx biat jib zed,

吉共列苟猛底猛内。

Jib giuongx lieb ged mengb did mengb neib.

几江苟错——

Jid jiangb ged cuob—

阿伞补茶冬半，

Ai sail but cat dongt banb,

补走腊炮。

But zeb lab paox.

牛绒牛棍，

Niub rongb niub gunt,

牛标牛睡。

Niub biaox niub shuix.

几得几北昂怕，

Jid deib jid beib angb pat,

吉秋吉江公柔。

Jib quix jib jiangx gongt reb.

几得几北炯达，

Jid deib jid beib jiongb dab,

吉秋吉瓦炯周。

Jib quix jib wab jiongb zhoub.

鸟茶几没到服，

Niaob cat jid meib daox fub,

弄然几没到龙。

Nongx rab jid meib daox nongb.

他拢莎苟拢错拢炯,

Tax nongd sax ged liongb cuob liongb jiongd,

他拢莎苟拢底拢内。

Tax nongd sax ged liongb did liongb neib.

错久修照夯绒,

Cuob jub xiut zhaob hangb rongb,

弟板油照柔穷。

Dix banb yub zhaob rout qiongx.

修哟列扛娘萨你查,

Xiut yod lieb gangb niangb sad nit cat,

油约列扛娘章炯汝。

Yub yod lieb gangb niangb zhuangb jiongx rux.

修哟列扛汝苟猛豆,

Xiut yod lieb gangb rux goub mengt dout,

油约列扛汝公猛炯。

Yub yod lieb gangb rux gongt mengb jiongx.

修哟列扛汝猛产豆,

Xiut yod lieb gangb rux mengb cant dout,

油约列扛汝猛吧就。

Yub yod lieb gangb rux mengb bax jux.

阿——酒——阿——酒——   （摇铃放筶）

Ab—jiux—ab—jiux—

　　喜了祖师要来集中,爱了宗师要来集合。
　　祖师要来护前,宗师要来保后。
　　祖师要拥左边,宗师要护右边。
　　祖师要来成伙,宗师要来成团。
　　祖师到来到边,宗师到临到齐。
　　祖师来担来保,宗师来凭来证。
　　祖师在此桌前,带着主家当神忏悔。
　　宗师当在桌边,带领主人当祖认错。
　　　忏悔过错——

一番阳间之所，凡间之地。

牛尊牛祖，牛尊牛贵。

阴间分供肉之所，阴间分供粑之处。

分配七呈之所，分散七献之处。

家祖的口中没有得喝，家先的嘴内没有得吃。

今天也都来错来悔，今日也都来悔来忏。

错了免去一边，悔了赦在一旁。

免了要送坐得清吉，赦了要送居得平安。

免了要送疾病痊好，赦了要送病体痊愈。

免了要送好去千年，赦了要送好过百岁。

神韵——

江久葵汝列拢几葡，

Jiangb jub kuib rux lieb liongb jid pongb,

江半录汝列拢吉屋。

Jiangb banb lub rux lieb liongb jib wul.

葵汝列拢召娄，

Kuib rux lieb liongb zhaob neb,

录汝列拢召追。

Nub rux lieb liongb zhaob zhuix.

葵汝列你苟抓，

Kuib rux lieb nit goud zhuab,

录汝列炯苟尼。

Nub rux lieb jongx goud nib.

葵汝列拢几不，

Kuib rux lieb liongb jid bub,

录汝列拢吉强。

Nub rux lieb liongb jid qiangx.

葵汝休最休走，

Kuib rux xiud zuib xiud zeb,

录汝休走休半。

Nub rux xiud zeb xiud banb.

葵汝几柔几服，

Kuib rux jid roub jid ful,

录汝几柔几录。

Nu rux jid roub jid nub.

葵汝共够几北,

Kuib rux giuongx gout jid beib,

几油列苟猛错猛炯。

Jid youb lieb ged mengb cuob mengb jiongd.

录汝共便吉走,

Nub rux giuongx biat jib zed,

吉共列苟猛底猛内。

Jib giuongx lieb ged mengb did mengb neib.

几江苟错——

Jid jiangb ged cuob—

欧虐牛如图照,

Out niub niub rub tux zhaox,

几得声格,

Jid deib shongt gieb,

吉秋洽陇。

Jib quix qiax liongs.

声格乙如,

Shongt gieb yib rub,

洽陇乙强。

Qiax liongb yib qiangx.

干力干转,

Gand lib gand zhuanb,

嘎同嘎他。

Giad tongb giad tax.

阿约为——

Ab yob weib—

错久得竹列扛娘萨,

Cuob jub deit zhub lieb gangb niangb sad,

弟板吉标列扛娘章。

Dix banb jib bioud lieb gangb niangb zhuangb.

他拢莎苟拢错拢炯，

Tax nongd sax goud liongb cuob liongb jiongx,

他拢莎苟拢底拢内。

Tax nongd sax goud liongb did liongb neib.

错久修照夯绒，

Cuob jub xiut zhaob hangb rongb,

弟板油照柔穷。

Dix banb yub zhaob rout qiongx.

修哟列扛娘萨你查，

Xiut yod lieb gangb niangb sad nit cat,

油约列扛娘章炯汝。

Yub yod lieb gangb niangb zhuangb jiongx rux.

修哟列扛汝苟猛豆，

Xiut yod lieb gangb rux goub mengt dout,

油约列扛汝公猛炯。

Yub yod lieb gangb rux gongt mengb jiongx.

修哟列扛汝猛产豆，

Xiut yod lieb gangb rux mengb cant dout,

油约列扛汝猛吧就。

Yub yod lieb gangb rux mengb bax jux.

阿——酒——阿——酒——　　　　　　　　　　（摇铃放筶）

Ab—jiux—ab—jiux—

喜了祖师要来集中，爱了宗师要来集合。

祖师要来护前，宗师要来保后。

祖师要拥左边，宗师要护右边。

祖师要来成伙，宗师要来成团。

祖师到来到边，宗师到临到齐。

祖师来担来保，宗师来凭来证。

祖师在此桌前，带着主家当神忏悔。

宗师当在桌边，带领主人当祖认错。

忏悔过错——

二番阳间大祭之所。

歌唱场中，鼓舞堂内。

歌声震天，鼓舞动地。

窜去窜来，跳上跳下。

呼叫声——

忏了家中要送清吉，悔了家内要送平安。

今天也都来错来悔，今日也都来悔来忏。

错了免去一边，悔了赦在一旁。

免了要送坐得清吉，赦了要送居得平安。

免了要送疾病痊好，赦了要送病体痊愈。

免了要送好去千年，赦了要送好过百岁。

神韵——

江久葵汝列拢几葡，

Jiangb jub kuib rux lieb liongb jid pongb，

江半录汝列拢吉屋。

Jiangb banb lub rux lieb liongb jib wul。

葵汝列拢召娄，

Kuib rux lieb liongb zhaob neb，

录汝列拢召追。

Nub rux lieb liongb zhaob zhuix。

葵汝列你苟抓，

Kuib rux lieb nit goud zhuab，

录汝列炯苟尼。

Nub rux lieb jongx goud nib。

葵汝列拢几不，

Kuib rux lieb liongb jid bub，

录汝列拢吉强。

Nub rux lieb liongb jid qiangx。

葵汝休最休走，

Kuib rux xiud zuib xiud zeb，

录汝休走休半。

Nub rux xiud zeb xiud banb。

葵汝几柔几服，

Kuib rux jid roub jid ful,

录汝几柔几录。

Nu rux jid roub jid nub.

葵汝共够几北，

Kuib rux giuongx gout jid beib,

几油列苟猛错猛炯。

Jid youb lieb ged mengb cuob mengb jiongd.

录汝共便吉走，

Nub rux giuongx biat jib zed,

吉共列苟猛底猛内。

Jib giuongx lieb ged mengb did mengb neib.

几江苟错——

Jid jiangb ged cuob—

虐西得忙巧起，

Nub xit deit mangb qiaot qit,

苟龙几穷格留洞绒，

Goub longb jit qiongb gid liub dongt rongb,

苟到吉话腊绒棍冬。

Goud daox jib huax lab rongb gunt dongt.

吾嘎八容，

Wut giad biab yongb,

葡窝否浪记秀，

Pud aox woub nangb jit xiut,

八窝否浪几得。

Biab aox woub nangb jid deib.

扛否照比夫拿棉绒，

Gangb woub zhaob bid fud nab mianb rongb,

照起昂拿柔然。

Zhaob qit angb nab roub rab.

他拢莎苟拢错拢炯，

Tax nongd sax ged liongb cuob liongb jiongd,

他拢莎苟拢底拢内。

Tax nongd sax ged liongb did liongb neib.

错久修照夯绒，

Cuob jub xiut zhaob hangb rongb,

弟板油照柔穷。

Dix banb yub zhaob rout qiongx.

修哟列扛娘萨你查，

Xiut yod lieb gangb niangb sad nit cat,

油约列扛娘章炯汝。

Yub yod lieb gangb niangb zhuangb jiongx rux.

修哟列扛汝苟猛豆，

Xiut yod lieb gangb rux goub mengt dout,

油约列扛汝公猛炯。

Yub yod lieb gangb rux gongt mengb jiongx.

修哟列扛汝猛产豆，

Xiut yod lieb gangb rux mengb cant dout,

油约列扛汝猛吧就。

Yub yod lieb gangb rux mengb bax jux.

阿——酒——阿——酒——　　　　　　　　　　（摇铃放筶）

Ab—jiux—ab—jiux—

　　喜了祖师要来集中，爱了宗师要来集合。
　　祖师要来护前，宗师要来保后。
　　祖师要拥左边，宗师要护右边。
　　祖师要来成伙，宗师要来成团。
　　祖师到来到边，宗师到临到齐。
　　祖师来担来保，宗师来凭来证。
　　祖师在此桌前，带着主家当神忏悔。
　　宗师当在桌边，带领主人当祖认错。
　　忏悔过错——
　　过去之时坏心之人，
　　用刀来砍阴间神堂，用斧来劈冥界神殿。
　　罪恶之水，
　　洒着他的衣服，泼着他的身体。
　　让他头肿大如神鼓，腹胀大如神筐。

今天也都来错来悔，今日也都来悔来忏。

错了免去一边，悔了赦在一旁。

免了要送坐得清吉，赦了要送居得平安。

免了要送疾病痊好，赦了要送病体痊愈。

免了要送好去千年，赦了要送好过百岁。

神韵——

江久葵汝列拢几葡，

Jiangb jub kuib rux lieb liongb jid pongb,

江半录汝列拢吉屋。

Jiangb banb lub rux lieb liongb jib wul.

葵汝列拢召娄，

Kuib rux lieb liongb zhaob neb,

录汝列拢召追。

Nub rux lieb liongb zhaob zhuix.

葵汝列你苟抓，

Kuib rux lieb nit goud zhuab,

录汝列炯苟尼。

Nub rux lieb jongx goud nib.

葵汝列拢几不，

Kuib rux lieb liongb jid bub,

录汝列拢吉强。

Nub rux lieb liongb jid qiangx.

葵汝休最休走，

Kuib rux xiud zuib xiud zeb,

录汝休走休半。

Nub rux xiud zeb xiud banb.

葵汝几柔几服，

Kuib rux jid roub jid ful,

录汝几柔几录。

Nu rux jid roub jid nub.

葵汝共够几北，

Kuib rux giuongx gout jid beib,

几油列苟猛错猛炯。

Jid youb lieb ged mengb cuob mengb jiongd.

录汝共便吉走，

Nub rux giuongx biat jib zed,

吉共列苟猛底猛内。

Jib giuongx lieb ged mengb did mengb neib.

几江苟错——

Jid jiangb ged cuob—

几北竹岭，

Jie beib zhub liuongt,

吉走禾肥竹共。

Jib zed aob feib zhub gongx.

炯奶达齐这汝，

Jiongb leit dab qit zhex rux,

汝图达恩泻格。

Rux tub dat engb xiex gieb.

虐西北达洽走几单，

Nub xit beid dab qiax zed jid dand,

虐夏袍泻洽送几送。

Nub xiax paox xiex qiax songx jib songx.

他拢几北几穷，

Tax nongd jid beib jib qiongx,

他拢几穷几袍。

Tax nongd jib qiongx jib paox.

他拢莎苟拢错拢炯，

Tax nongd sax ged liongb cuob liongb jiongd,

他拢莎苟拢底拢内。

Tax nongd sax ged liongb did liongb neib.

错久修照夯绒，

Cuob jub xiut zhaob hangb rongb,

弟板油照柔穷。

Dix banb yub zhaob rout qiongx.

修哟列扛娘萨你查，

Xiut yod lieb gangb niangb sad nit cat,

油约列扛娘章炯汝。

Yub yod lieb gangb niangb zhuangb jiongx rux.

修哟列扛汝苟猛豆,

Xiut yod lieb gangb rux goub mengt dout,

油约列扛汝公猛炯。

Yub yod lieb gangb rux gongt mengb jiongx.

修哟列扛汝猛产豆,

Xiut yod lieb gangb rux mengb cant dout,

油约列扛汝猛吧就。

Yub yod lieb gangb rux mengb bax jux.

阿——酒——阿——酒——　　　　　　　　　（摇铃放筶）

Ab—jiux—ab—jiux—

喜了祖师要来集中,爱了宗师要来集合。

祖师要来护前,宗师要来保后。

祖师要拥左边,宗师要护右边。

祖师要来成伙,宗师要来成团。

祖师到来到边,宗师到临到齐。

祖师来担来保,宗师来凭来证。

祖师在此桌前,带着主家当神忏悔。

宗师当在桌边,带领主人当祖认错。

忏悔过错——

祭祖大桌,敬神供案。

七只好碗净碗,七个金碗银碗。

从前泼酒恐交不到,过去泼供怕敬不灵。

今天不泼不撒,今日不撒不散。

今天也都来错来悔,今日也都来悔来忏。

错了免去一边,悔了赦在一旁。

免了要送坐得清吉,赦了要送居得平安。

免了要送疾病痊好,赦了要送病体痊愈。

免了要送好去千年,赦了要送好过百岁。

二六
袍酒卡·Peb jiud kad·敬入堂酒（以吃猪为例）

【简述】

　　敬入堂酒指请神到家之后、没杀供牲之前，第一次敬献给神灵的酒，就像客人进家之后主人先敬上茶水一样。由于此时还没杀牲，没有肉来下酒，因此巴代术语中也称其为"敬干酒"，即光喝酒、没有下酒菜的意思。又因此时还没有交牲（喝过酒之后才交牲），故又称其为"敬交牲酒"。不管是哪种说法，都是神灵接受奉请入堂后的第一次酒。此处将其称为"敬入堂酒"更为贴切。

阿——酒——阿——酒——　　　　　　　　　（摇铃放答）

Ab—jiux—ab—jiux—

纵豆列除酒卡浪松，

Zongb dout lieb chub jiud kad nangb songt，

纵腊列岔酒卡浪莎。

Zongb lab lieb chax jiud kad nangb sad.

列起刨酒浪度，

Lieb kid peb jiud nangb dux，

列涌扛服浪树。

Lieb yongb gangb fub nangb dux.

列理包酒浪公，

Lieb lid peb jiud nangb gongt，

列下扛服浪几。

Lieb xiat gangb fub nangb jid.

椎牛祭仪中的拦门迎接舅爷入场仪式（周建华摄）

列你包酒浪浪，

Lieb nit peb jiud nangd nangb，

列休扛服浪秋。

Lieb xiut gangb fub nangb quix.

列理窝够，

Lieb lid aot gout，

列岔背高。

Lieb chax beid gaod.

到够扛充，

Lieb goub gangb congt，

列除扛汝。

Lieb chub gangb rux.

喂扑喂你打纵刚棍，

Weib pub weib nit dat zongb gangt gunt，

喂岔喂炯吉秋削猛。

Weib chax weib jiongx jib quix xiox mengb.

神韵——

到此要吟干酒的诗，到来要唱干酒的歌。

要讲敬酒的话，要表送喝的意。

要理敬酒的根，要清送喝的底。

要在敬酒的场，要做送喝的事。

要理源头，要寻根苑。

要唱送清，要吟送畅。

我说我在祭神场中，我讲我坐敬祖堂内。

阿——酒——阿——酒—— （摇铃放筶）

Ab—jiux—ab—jiux—

刨酒列充葵汝产鹅棍空，

Peb jiud lien congd kuib rux cant eb gunt kongt，

酒卡列然傩汝吧图棍得。

Jiud kad lieb rab niub rux bax tux gunt deit.

刨酒告见叉单，

Peb jiud gaot jiab chad dand，

酒卡送嘎叉送。

Jiud kad songx giax chad songx.

几长窝汝意记送斗，

Jid changb aot rux yib jib songx doub，

几长然鸟葵汝产鹅棍空。

Jid changb rab niaob kuib rux cant eb gunt kongt.

几长窝汝以打穷炯，

Jid changb aot rux yt dat qiongx jiongb，

几长弄奈录汝吧图棍得。

Jid changb nongx naix lub rux bax tub gunt deit.

列拢然鸟—— （各宫口的祖师诀）

Leib liongb rad niaob—

然鸟太棍共米、

Rab niaob tait gunt gongx mit、

公加、首关、四贵， （巳宫、辰宫、酉宫、寅宫诀）

Gongd jiad、shoud guand、six giux，

太棍米章、巴高、国峰、明鸿， 　　（午宫、戌宫、巳宫、卯宫诀）

Taix gunt mit zhuangd、bad gaod、guob fengd、mingb hongx，

太棍仕贵、后保， 　　　　　　　（巳宫、申宫诀）

tait gunt shid giux、houx baod，

苟太光珍、勇贤、 　　　　　　（申宫、戌宫诀）

Goud taix guangd zhengd、yongd xianb、

光三、老七、跃恩， 　　　　　（卯宫、巳宫、申宫诀）

Guangd sand、Laod qib、Yiex engd，

苟太席乙、江远、林花、老苟、 （未宫、卯宫、子宫、午宫诀）

Goud taib xib yix、jiangd yand、linb huad、laod goud、

共四、老弄， 　　　　　　　　（辰宫、寅宫诀）

Gongx six、laod nongt，

千由、天才、炯容、同兰， 　　（丑宫、巳宫、酉宫、亥宫诀）

Qiand youb、tianb caib、jiongx rongb、tongb lan，

苟太强贵、龙贵、 　　　　　　（亥宫、丑宫诀）

Goud taib qiangb giux、longb giux、

光合、冬顺、得水， 　　　　　（卯宫、申宫、未宫诀）

Guangd hob、dongd shunx、deib shiut，

苟剖双全，苟剖长先， 　　　　（未宫、午宫诀）

Goud bout shuangd quanb, goud bout changb xiand，

苟打二哥、那那…… 　　　　　（酉宫、辰宫诀）

Goud dad erx ged、nat nat...

补谷阿柔告寿，

But guot ad roub gaot shout，

补谷欧柔告德。

But guob out roub gaot deit.

补产葵忙告见，

But chanx kiub mangb gaot jianb，

补吧录忙送嘎。

But bad lub mangb songx giax.

抓葡儿最吉走，

Zhuad pux jid ziub jib zoub，

寿葡吉走吉板。

Shoux pux jid zoub jib banb.　　　　　　　　　　（祖师诀）

补热声棍，

But reb shongt gunt，

拢单纵寿吉标。　　　　　　　　　　　　　　　（坐坛诀）

Liongb dand zongb shoux jib bioud.

补然弄猛，

But rad nongd mengb，

拢送吉秋照拿。　　　　　　　　　　　　　　　（坐殿诀）

Liongb songx quix zhaob nab.

拢单你瓦意记送斗，

Liongb dand nit wab yit jid songx doub，

炯龙以打穷炯。　　　　　　　　　　　　　　　（香炉诀）

Jiongx longb yit dat qiongx jiongx.

你瓦喂斗得寿，

Nit wab weib doub deib shoux，

炯龙剖弄告得。　　　　　　　　　　　　　　　（绕祖诀）

Jiongx longb boub nongd gaod deib.

几达然鸟埋列嘎修，

Jid dab rad niaox maib leib giad xiut，

吉炯达奈埋列嘎闹。

Jib jiongx dab naix maib leib giad laox.

拢单列候刨报，

Liong dand lieb hex peb baob，

拢送列候刨酒。

Liongb songx lieb hex peb jiud.

　　神韵——

　　敬酒要请尊贵的千位祖师，干酒要迎高贵的百位师尊。

　　敬酒仪式才准，干酒仪式才灵。

　　虔诚焚烧纸团宝香，虔诚奉请尊贵的千位祖师。

　　虔诚焚烧蜂蜡糠烟，虔诚迎奉高贵的百位师尊。

　　要来奉请——

　　奉请祖太共米、共甲、仕官、四贵，

祖太明章、巴高、国峰、明鸿,

祖太仕贵、后宝,

祖太永顺、永现、光三、老七、跃恩,

祖太席玉、江远、林华、老苟、共四、老弄,

千有、千财、进荣、腾兰,

祖太强贵、龙贵、光合、冬顺、得水。

叔公双全,祖公长先,

外祖二哥、大大……

三十一代祖师,三十二代弟子。

三千祖师交钱,查名皆齐皆遍,

三百度纸宗师,点字皆遍皆全。

三咏神腔,来到信士祭祖场中,

三吟神韵,来临尸主敬神堂内。

来到安享纸团宝香,来临安受蜂蜡糠烟。

拥护吾本弟子,守护我这师郎。

同日有请你们莫起,同时有奉你们莫去。

到此主持敬酒,到来把持供酒。

阿——酒——阿——酒——　　　　　　　　　　（摇铃放筶）

Ab—jiux—ab—jiux—

然鸟"拔浪竹岭,

Rab niaob "pab nangb zhub liuongt,

浓浪竹共。

Niuongx nangb zhub gongx.

拔浪苟岭,

Pab nangb goud liuongt,

浓浪苟共"。

Niuongx nangb goud gongx".

补热声棍,

But reib shongt gunt,

纵豆拢久。

Zongb dout liongb jub.

补然弄猛,

But rab nongx mengb,

纵腊拢板。

Zongb lab liongb banb.

拢单你瓦几北竹岭，

Liongb dand nit wab jid beib zhub liuongt，

炯龙吉走禾肥竹共。

Jiongx longb jib zeb aot feib zhub gongx.

几达然鸟嘎修，

Jid dab rab niaob giad xiud，

吉炯达奈嘎闹。

Jib jiongx dab naix giad laox.

阿——酒——阿——酒——　　　　　　　　（摇铃放筶）

Ab—jiux—ab—jiux—

　　神韵——

　　奉请"最古的女，最老的男。

　　古道的女，老路的男"。

　　三次神腔，下到凡间。

　　三番神韵，下达凡尘。

　　来到坐在祭祖大桌，来临坐在敬神大案。

　　同日有请莫起，同时有奉莫去。

　　神韵——

然鸟"内浪单敏、

Ab niaob "nieb nangb dand miuongt、

浓浪秋补、

Niuongx nangb quix bub、

禾浪皂洞写棍"。

Aob nangb zaob dongb xied gunt".

补热声棍，

But reib shongt gunt，

纵豆拢久。

Zongb dout liongb jub.

补然弄猛，

But rab nongx mengb,

纵腊拢板。

Zongb lab liongb banb.

几达然鸟嘎修，

Jid dab rab niaob giad xiud,

吉炯达奈嘎闹。

Jib jiongx dab naix giad laox.

拢单你瓦标内告纵，

Liongb dand nit wab bioud neib gaot zongb,

炯龙标告比秋。

Jiongx longb bioud gaox bid quix.

几达然鸟嘎修，

Jid dab rab niaob giad xiud,

吉炯达奈嘎闹。

Jib jiongx dab naix giad laox

阿——酒——阿——酒——   （摇铃放答）

Ab—jiux—ab—jiux—

奉请"女的青裙、男的地域、古代氏族祖先"。

三次神腔，下到凡间。

三番神韵，下达凡尘。

同时有请莫起，同日有敬莫去。

来到坐在地楼神屋，来临坐在地板神坛。

同日有请莫起，同时有奉莫去。

神韵——

纵豆抽力炯奶达齐这汝，

Zongb dout choud lib jiongb leit dab qit zhex rux,

炯图达恩泻格。

Jiongb tub dab engb xiex gieb.

得忙吉子没酒达碗，

Deit mangb jib zid meib jiud dad wand,

度忙吉录让酒达叫。

Dux mangb jib lub rangb jiud dab jiaox.

抽力江林炯奶达齐这汝，

Choud lib jiangb liuongb jiongb leit dab qit zhex rux，

江照炯图达恩泻格。

Jiangx zhaob jiongb tub dab engb xiex gieb.

抽力呕达告纵，

Choud lib out dab gaod zongb，

吉白呕这比秋。

Jib beid out zhex bid quix.

得忙吉子没酒达碗，

Deit mangb jib zid meit jiud dad wand，

度忙吉录让酒达叫。

Dux mangb jib lub rangb jiud dad jiaob.

抽力江林呕达告纵，

Choud lib jiangx liuongb out dab gaod zongb，

江照呕这比秋。

Jiangx zhaob out zhex bid quix.

阿——酒——阿——酒——   （摇铃放笤）

Ab—jiux—ab—jiux—

　　临凡翻开大桌上的七只好碗净碗，七个金碗银碗。
　　酒师之人取酒大锅，办供之人倒酒大鼎。
　　倒在七只好碗净碗，斟在七个金碗银碗。
　　翻开地楼上的两碗，掀开地板上的两盘。
　　酒师之人取酒大锅，办供之人倒酒大鼎。
　　倒在地楼两碗，斟在地板两盘。
　　神韵——

猛纵扑内炯散这酒，

Mengb zongb pud neib jiongb sant zhex jiud，

猛秋扑内炯然龙弄。

Mengb quix pud neib jiongb ranb longb nongd.

炯达酒豆酒江,

Jiongb dab jiud dout jiud jiangb.

炯这酒江酒明。

Jiongb zhex jiud jiangb jiud miongb.

扑内苟扛——

Pud neib ged gangb——

"拔浪竹岭,

"Pab nangb zhub liuongt,

浓浪竹共,

Niuongx nangb zhub gongx,

浓浪苟共"。

Niuongx nangb goud gongx".

扑内苟扛几最奶江,

Pud neib ged gangb jid zuib leit jiang leit jiangb,

埋汉莎江。

Maib hanx sax jiangb.

扑内苟扛几最奶久,

Pud neib ged gangb jid zuib leit jub,

埋汉莎久。

Maib hanx sax jub.

埋莎汝江汝久,

Maib sax rux jiangb rux jub,

埋腊汝久汝板。

Maib lab rub jub rux banb.

江久吉相扛服,

Jiangb jub jib xiangd gangb fud,

江板吉相扛龙。

Jiangb banb jib xiangd gangb longb.

阿——酒——阿——酒——   （摇铃放箸）

Ab—jiux—ab—jiux—

大桌讲这七呈供酒，大案讲这七献敬酒。

七呈供酒甜酒，七碗甜酒香酒。

讲这来送——

"最古的女，最老的男。

古道的女，老路的男"。

讲出齐齐皆喜，你们皆喜，

说出齐齐皆爱，你们皆爱。

你们好齐好喜，也都好喜好爱。

喜了还没给喝，爱了还未送吃。

神韵——

标奶扑内呕散这酒，

Bioud leit pud neib out sant zhex jiud，

标告扑内呕然龙弄。

Bioud gaob pud neib out rab longb nongd.

欧达酒豆酒江，

Out dab jiud dout jiud jiangb，

欧这酒江酒明。

Out zhex jiud jiangb jiud miongb.

扑内苟扛——

Pud neib ged gangb—

"内浪单敏、

"Neid nangb dand miuongt、

浓浪秋补、

Niuongx nangb quix bub、

禾浪皂洞写棍"。

Aob nangb zaob dongb xied gunt".

扑内几最奶江，

Pud neib jid zuib leit jiangb，

埋汉莎江。

Maib hanx sax jiangb.

扑内几最奶久，

Pud neib jid zuib leit jub，

埋汉莎久。

Maib hanx sax jub.

埋莎汝江汝久，

Maib sax rux jiangb rux jub,

埋腊汝久汝板。

Maib lab rub jub rux banb.

江久吉相扛服，

Jiangb jub jib xiangd gangb fud,

江板吉相扛龙。

Jiangb banb jib xiangd gangb longb.

阿——酒——阿——酒——　　　　　　　　（摇铃放筶）

Ab—jiux—ab—jiux—

　　地楼讲这二呈供酒，地板说这二献敬酒。
　　二呈供酒甜酒，二碗甜酒香酒。
　　讲这来送——
　　"女的青裙，男的地域，古代氏族祖先"。
　　讲出齐齐皆喜，你们皆喜，
　　说出齐齐皆爱，你们皆爱。
　　你们好齐好喜，也都好喜好爱。
　　喜了还没给喝，爱了还未送吃。
　　神韵——

窝够背柳·Aot gout bid liud·讲原因

江久葵汝列拢几葡，

Jiangb jub kuib rux lieb liongb jid pongb,

江半录汝列拢吉屋。

Jiangb banb lub rux lieb liongb jib wul.

葵汝列拢召娄，

Kuib rux lieb liongb zhaob neb,

录汝列拢召追。

Nub rux lieb liongb zhaob zhuix.

葵汝列你苟抓，

Kuib rux lieb nit goud zhuab,

录汝列炯苟尼。

Nub rux lieb jongx goud nib.

葵汝列拢几不，

Kuib rux lieb liongb jid bub,

录汝列拢吉强。

Nub rux lieb liongb jid qiangx.

葵汝休最休走，

Kuib rux xiud zuib xiud zeb,

录汝休走休半。

Nub rux xiud zeb xiud banb.

葵汝几柔几服，

Kuib rux jid roub jid ful,

录汝几柔几录。

Nu rux jid roub jid nub.

葵汝共够几北，

Kuib rux giuongx gout jid beib,

几油列苟猛错猛炯。

Jid youb lieb ged mengb cuob mengb jiongd.

录汝共便吉走，

Nub rux giuongx biat jib zed,

吉共列苟猛底猛内。

Jib giuongx lieb ged mengb did mengb neib.

几江苟错——

Jid jiangb ged cuob—

错约几齐修闹夯忍，

Cuob yod jib qit xiud laox hangb renb,

弟板吉叫油照柔穷。

Dix banb jib jiaob yub zhaob rout qiongb.

喜了祖师要来集中，爱了宗师要来集合。

祖师要来护前，宗师要来保后。

祖师要拥左边，宗师要护右边。
祖师要来成伙，宗师要来成团。
祖师到来到边，宗师到临到齐。
祖师来担来保，宗师来凭来证。
祖师在此桌前，带着主家当神忏悔。
宗师当在桌边，带领主人当祖认错。
忏悔过错——
忏悔之后冤孽消清，认错之后过错消除。

休鸟喂扑蒙浪喂浪，
Xiut niaob weib pub mengl nangb weib nangb，
得弄喂寿埋洞剖洞。
Deit nongd weib shet maib dongx bout dongx.
向剖向乜你剖打楼几图，
Xiangt pout xiangt nias nit bout dat let jid tub，
向内向骂炯剖起写吉浪。
Xiangt neid xiangt max jiongx bout qit xied jib nangb.
内虐尼埋窝久窝得，
Neib nub nib maib aob jiud aod deib，
内汝尼埋窝松窝标。
Neib rux nib maib aob songd aob biaox.
内虐尼埋窝古窝穷，
Neib nub nib maib aob gud aob qiongx，
内汝尼埋窝牙窝羊。
Neib rux nib maib aob yab aob yangb.
埋自尼剖，
Maib zid nib bout，
剖自尼埋。
Bout zid nib maib.
产柔万柔埋你莎虫，
Cant roub wanx roub maib nib sax chongx，
产豆万就剖炯莎拿。
Cant dout wanx jux bout jiongx sax nab.

小嘴我讲你听我听，小舌我说你闻我闻。

祖公祖婆在我大脑之中，先母先父在我心肠之内。

生人就是你们身体，活人就是你们骨肉。

生人就是你们血脉，活人就是你们形象。

你们就是我们，我们就是你们。

千代万代你们不死，千年万岁我们不灭。

出内洞豆列共起单，

Chud neib dongt dout lieb gongx qit dand,

出总洞腊列共起汝。

Chud zongb dongt lab lieb gongx qit rux.

出那嘎忙外苟，

Chud nat giad mangb waix goud,

出骂嘎忙外得。

Chud max giad mangb waix deit.

出内列嘎巧起，

Chud meid giad mangb qiaot qit,

出总嘎忙加写。

Chud zongb giad mangb jiad xied.

嘎忙能空服虐亏内，

Giad mangb nongb kongd fub nub kuit neib,

嘎出几抱吉抢吉大。

Giad chud jib baob jib qiangd jib dax.

出内列出汝起汝写，

Chud neib lieb chud rux qit rux xied,

出总列出汝哈出篓。

Chud zong lieb chud rux had chub loub.

几沙吉包你到先头，

Jib shax jib baob nit daox xiand toub,

几酷吉汝炯到木汝。

Jib kud jib rux jiongx daox mub rux.

几沙吉包你猛产柔，

Jib shax jib baod nit mengb cant roub,

几酷吉汝炯猛万就。
Jib kud jib rux jiongx mengb wanx jux.

> 做人要做心直之人，做众要做心慈之众。
> 大哥莫欺老弟，父亲莫怨儿孙。
> 做人心肝莫恶，做众肚肠莫坏。
> 不要吃人冤枉欺人，不能打抢偷盗作恶。
> 做人要做好心好肠，做众要做慈举善行。
> 好商好量坐得长久，相好和睦坐到长寿。
> 好商好量坐得千年，相好和睦坐到万岁。

用错·Yngd cuob·悔过

（参照"讲原因"一节）

他数他那·Tad sud tad liax·脱枷解索

（参照"讲原因"一节）

周先周木·Zhub xiand zhoub mub·庇荫保佑

阿酒——   （摇铃放筶）
Ab jiux——
列够周先浪萨，
Lieb geb zhuob xiand nangb sad,
列扑周木浪度。
Lieb pub zhoub mub nangb dux.

列理周先浪公，

Lieb lid zhoub xiand nangb gongt，

列岔周木浪儿。

Lieb chax zhoub mub nangb jid.

他数洞久，

Tad sud dongt jub，

将那洞板。

Jiangx liax dongt banb.

闹达列拢周先，

Laox dab lieb liongb zhuob xiand，

闹送列拢周木。

Laox songx lieb liongb zhoub mub.

周先周汉先头，

Zhoub xiand zhoub hanx xiand toub，

周木周汉木汝。

Zhoub mub zhoub hanx mub rux.

先头周猛产豆，

Xiand toub zhoub mengb cant dout，

木汝周猛吧就。

Mub rux zhoub mengb bax jux.

周先产豆，

Zhoub xiand cant dout，

先头你猛产豆。

Xiand toub nit mengb cant dout.

周木吧就，

Zhoub mub bax jux，

木汝炯猛吧就。

Mub rux jiongx mengb bax jux.

久抓久头，

Jub zhuab jiub toub，

久稍久热。

Jud xiad jiub reb.

阿酒——

（摇铃放筶）

Ab jiux—

神韵——
要唱留气的歌，要讲赐福的话。
要理留气的根，要寻赐福的基。
脱枷已了，解索已毕。
到来要留生气，到边要赐洪福。
留气要留长命富贵，赐福要赐齐天洪福。
长命居得千年，洪福坐过百岁。
留气千年，长气居过千年。
赐福百岁，洪福坐过百岁。
不落不脱，不松不掉。
神韵——

周先阿半麻休，
Zhoub xiand ad band mab xut,
良木阿高麻让。
Lial mub ad gaod mab rangx.
能锐章久，
Nongb ruit zhuangb jiut,
能列章得。
Nongb liex zhuangb deib.
上林上章，
Shangx liuongb shangb zhuangb,
上周上壮。
Shangb zhoub shangb zhuangx.
长久林林，
Changb jiud liuongb liuongb,
长得如汝。
Changb deib rub rux.
昂内几没嘎休然得，
Angb neit jid meib giad xut rabb deib,
昂弄几没嘎先然木。

Angb nongx jid meib giad xiand ranb mub.

读头到茶，

Dub teb daox cat,

读抗到然。

Dub kangx daox rab.

到头麻冬，

Daox teb mab dongt,

到抗麻汝。

Daox kangx mab rux.

汝汝沙头，

Rux rux shat teb,

内内求弄。

Neit neit qiux niongx.

到茶你内苟篓，

Daox cat nib neib goud noub,

到然你内吉弄。

Daox rab nib neib jib niongx.

考到麻善，

Kaod daox mab shait,

出到麻汝。

Chud daox mab rux.

出乖出度，

Chud gweit chud dux,

出话出求。

Chud huat chud qiux.

阿酒——   （摇铃放筶）

Ab jiux—

祝福那些小儿，祈福那些幼崽。

吃菜育身，吃饭长体。

快大快长，快健快壮。

身长大大，体健好好。

热天没有瘟疫时气，冷天没有灾星祸害。

读书得大智慧，学习得高知识。

智慧得大，知识得高。

好好学习，天天上进。

智商在人之前，智慧居众之上。

考试得优，岗位得就。

得富得贵，得发得旺。

神韵——

周先见空见岭，

Zhoub xiand jianb kongt jianb liuongb,

良木见乖见汝。

Lial mub jianb gweit jianb rux.

苟达到汝见空，

Goud dab daox rux jianb kongt,

苟炯到汝嘎岭。

Goud jiongx daox rux giad liuongb.

苟篓到汝见乖，

Goud noub daox rux jianb gweit,

苟追到久见汝。

Goud zhuix daox jub jianb rux.

空豆兵竹，

Kongt dout biongb zhub,

到见长标。

Daox jianb changb bioud.

几忙猛岔拿走，

Jib mangb mengb chax nab zoub,

久想猛嘎拿到。

Jux xiangx mengb giax nab daox.

从猛岔见，

Congb mengb chax jianb,

长忙到嘎。

Changb mangx daox giax.

到见白豆白斗，

Daox jiab beid dout beid deb,

到嘎白休白虫。

Daox giax beid xut beid chongb.

见拢几炯见苟，

Jianb liongb jid jiongx jianb goud,

嘎拢吉麻见公。

Giax liongb jib mab jianb gongx.

打气想出腊见，

Dat qit xiangd chub lab jianb,

达写想岔腊到。

Dab xied xiangd chax lab daox.

汝恩汝格，

Rux engb rux gieb,

汝见汝嘎。

Rux jianb rux giax.

汝恩汝格白标白斗，

Rux engb rux gieb beid bioud beid deb,

汝见汝嘎白纵白秋。

Rux jianb rux giax beid zongb beid qiud.

秋岁麻汝禾召，

Qiud suit mab rux aot zhaob,

秋萨麻汝禾雷。

Qiud sad mab rux aot leib.

向头向奶，

Xiangx toub xiangx leid,

向牙向羊。

Xiangx yab xiangx yangb.

崩冬崩量，

Bengb dongt bengb liax,

兄卡列先。

Xiongt kax lieb xiand.

见拢几苗补公比吹报标，

Jianb liongb jid mueb but gongt bit chuid baob bioud,

嘎拢吉麻补公比吹便然报竹。

Giax liongb jib miab but gongt bit chuid biat rab baob zhub.

见拢拿尼见空，

Jianb liongb nab nib jianb kongt,

嘎拢拿尼嘎岭。

Giax liongb nab nib giad liuongx.

苟达送见几初，

Gout dab songx jianb jit chut,

苟炯送嘎吉仰。

Gout jiongx songx giax jib yangb.

齐夫阿标林休，

Qid fut ad bioud liuongb xut,

吉标热恩、

Jib bioud reb engb、

几最莎到白标。

Jid zuib sax daox beid bioud.

吉卡阿竹共让，

Jib kax ad zhub gongx rangx,

嘎格几竹、

Giad gieb jid zhub、

几最莎到白斗。

Jid zuib sax daox beid deb.

阿酒——   （摇铃放筶）

Ab jiux—

> 祝福白财横财，祈福旺财鸿财。
> 东边得好白财，西边得好富财。
> 前方得好旺财，后方得多横财。
> 空手出门，抱财归家。
> 不预去找也得，不想去求也获。
> 早出求财，夜归满载。
> 得钱满手满拿，得财满装满袋。
> 钱来涌入成路，财来涌进成道。

心中所谋如意，理想追求如愿。

好金好银，好钱好财。

好金好银满仓满库，好钱好财满家满户。

饰首美好大块，银饰美好大套。

长的短的，美的华的。

发光发亮，珍贵弥足。

白财涌来三路四道进家，大宝涌来三路四道五方进门。

财来也是白财，宝来也是富价。

左路大钱来加，右道横财来添。

保佑一家大小，

家中银仓，完全皆得装满。

祈福一屋老少，

户内金库、完全皆得装登。

神韵——

周先阿高麻抓，

Zhoub xiand ad gaod mab zhuab，

良木阿半麻让。

Lial mub ad banb mab rangx.

得拔到汝窝得让服，

Deib bab daox rux aot deib rangb fud，

得义到汝窝秋让能。

Deib niongx daox rux aot qiud rangb nongb.

想嘎腊单，

Xiangb giax lab dand，

想单腊见。

Xiangd dand lab jianb.

打起想单猛出莎见，

Dax qix xiangd dand mengb chub sax jianb，

达写想送猛岔莎到。

Dab xied xiangd songx mengb chax sax daox.

阿闹会求闹闹会求得善，

Ab liaot huix qiux liaot liaot huix qiux deib shait，

阿冬会求冬冬会求得汝。

Ab dongt huix qiux dongt dongt huix qiux deib rux.

内内腊岔猛见，

Neit neit lab chax mengb jianb,

虐虐腊到猛嘎。

Niub niub lab daox mengb giax.

到见白豆白斗，

Daox jianb beid dout beid deb,

到嘎白休白虫。

Daox giax beid xiut beib chongb.

窝拔岔秋腊到汝秋，

Aod bab chax qiud lab daox rux qiud,

窝浓出兰腊见汝兰。

Aob niongx chud lanb lab jianb rux lanb.

汝拔汝浓，

Rux bab rux niongx,

汝崩汝欧。

Rux bengd rux oud.

几酷吉汝，

Jid kux jib rux,

几沙吉龙。

Jib shax jib longb.

出话出求，

Chud huat chud qiux,

出楼出归。

Chud loub chud guib.

出笔出包，

Chud bib chud baob,

出乖出岭。

Chud gweit chud liuongx.

同陇发拢白走白仁，

Tongb liongl fat liongb beid zoub beid rongb,

同图发拢白夯白共。

Tongb tux fat liongb beid hangb beid gongx.

你拢白加白竹，

Nit liongb beid jiad beid zhub，

炯拢白苟白让。

Jiongx liongb beid geb beid rangb.

笔拿打声，

Bib nab dat shongt，

包拿打缪。

Baob nab dab mioub.

阿酒——   （摇铃放筶）

Ab jiux—

祝福那些青年，祈福那些壮年。

女人得好地方找喝，男人得好地处找吃。

谋事如意，心想事成。

心中想的事业就好，意中所谋盘算就成。

一脚高升脚脚高升，一步高就步步高就。

天天也得大钱，日日也进大财。

大钱满抓满手，大财满仓满库。

女人得到意中男子，男子得到心中女人。

郎才女貌，恩爱夫妻。

互敬互爱，互尊互重。

发达兴旺，子添孙发。

大发大旺，大兴大盛。

如竹发来满山满岭，似木发来满地满坪。

居来满村满地，坐来满坪满寨。

发如群虾，多似群鱼。

神韵——

周先麻服麻能，

Zhoub xiand mab fud mab nongb，

良木麻江麻照。

Lial mub mab jiangb mab zhaox.

几得苟散纠龙路剖，

Jid deib goud sant jiub longb lux bet，

吉秋苟茶谷江路先。

Jib qiux goud chab gub jiangb lux xiand.

那阿麻剖麻熟，

Bab ad mab bet mab shud，

那欧麻刨麻内。

Nab out mab pet mab neit.

几哨嘎豆见西见莎，

Jid saot giad dout jianb xid jianb sax，

吉当腊板见格见昂。

Jib dangx lab band jianb gied jianb angx.

那补麻标麻照，

Nab but mab biout mab zhaox，

那比麻者麻江。

Nab bit mab zheb mab jiangb.

标猛打豆猛单产谷产够，

Biout mengb dat dout mengb dand chant guob chant gout，

照猛浪路猛单吧谷吧竹。

Zhaox mengb liangb lux mengb dand bax gub bax zhub.

者秧白干白见，

Zhet yangt beid ganb beid jianb，

江秧白夯白共。

Jiangb yangt beid hangb beid gongx.

那便麻哈，

Nab biat mab hat，

那照麻同。

Nab zhaox mab tongx.

哈猛板苟板绒，

Hat mengb banb geb banb rongb，

同猛板夯板共。

Tongx mengb banb hangb banb gongt.

包柔敏良儒拢，

Bed roud miongt liangb rud liongl,

腊楼从良儒图。

Lab noub congx liangb rut tux.

敏从才才够苟，

Miongt congt caib caib goub geb,

明汝让让够绒。

Miongb rux rangb rangb goub rongb.

那阿起剖，

Nab ad qid pet,

那欧起熟。

Nab out qid shud.

那补起秧，

Nab but jiangb yangt,

那比起照。

Nab bit qid zhaox.

那便起哈，

Nab biat qid hat,

那照起同。

Nab zhaox qid tongx.

那炯先单，

Nab jiongb xiand dand,

那乙先送。

Nab yib xiand songx.

汝搂几良，

Rux noub jid liab,

汝弄几斗。

Rux niongx jib doub.

几滚吉昂板苟板绒，

Jib gunb jib angb banb geb banb rongb,

几召几穷板夯板共。

Jib zhaob jib qiongx banb hangb banb gongx.

抱楼长苟，

Beb noub changb goud,

修弄长公。

Xiut niongx changb gongt.

奶楼汝见奶沙，

Leit noub rux jianb leit shad,

奶弄汝加奶白。

Leit niongx rux jiab leit beid.

修拢白标白斗，

Xiut liongb beid bioud beid deb,

板拢白纵白秋。

Band liongb beid zongx beid qiud.

列且扛齐，

Lieb quet gangb qit,

列受扛扛。

Lieb shoud gangb gangx.

照白热楼热弄，

Zhaox beid reib noub reib niongx,

休白热录热炸。

Xiut beid reib lub reib zax.

头久几良，

Toub jut jid liab,

头令几斗。

Toub liongx jib doub.

产豆腊服几久，

Chant dout lab fud jid jub,

吧就腊能几娘。

Bax jux lab nongb jid niangb.

阿酒—— （摇铃放答）

Ab jiux—

> 祝福喝的吃的，赐福栽的种的。
>
> 在那山野九块地头，在那山坡十丘田内。
>
> 正月挖土犁田，二月铲土耕地。
>
> 松那土块成末成粉，连那田水成泊成湖。

三月抛谷下种，四月扯秧栽插。

播去土中生出千株千丛，种子下地长出百株百对。

扯秧满田满丘，插秧满坪满坝。

五月中耕，六月除草。

中耕遍山遍岭，除草遍坪遍坝。

苞谷绿似竹园，稻禾密如森林。

绿色悠悠遍山，青色油油遍野。

正月开挖，二月开耕。

三月下秧，四月下种。

五月中耕，六月除草。

七月熟登，八月熟透。

粮食丰产，谷米丰收。

金黄色的稻穗遍野，熟透了的秋粮遍山。

打谷回家，收米回屋。

谷粒如那冰颗，米粒似那雪白。

收得满家满屋，摆来满屋满宅。

要车送净，要晒送干。

装满谷仓米仓，装满糯库粘库。

粮食丰产，富裕丰足。

千年也喝不尽，百载也吃不完。

神韵——

周先打书达收，

Zhoub xiand dat shut dab shoud,

良木麻首麻卡。

Lial mub mab shoud mab kax.

首狗腊林，

Shoud guoud lb liuongb,

首爬腊章。

Shoud pax lab zhuangb.

首尼腊林，

Shoud nieb lab liuongb,

首油腊壮。

Shoud yub lab zhuangx.

首嘎见邦，

Shoud giat jianb bangt，

首录见强。

Shoud lub jianb jiangx.

首业白中白吹，

Shoud nieb beid zhongb beid chuid，

首油白忙白祥。

Shoud yub beid mangb beid yangb.

吾见腊拢，

Wut jianb lab liongb，

吾嘎腊到。

Wut giat lab daox.

出乖出岭，

Chud gweit chud liuongx，

出楼出归。

Chud noub chud guib.

出见出到，

Chud jianb chud daox，

出斗出他。

Chud dout chud tax.

茶他猛久，

Chab tax mengb jub，

弟然猛半。

Dix rab mengb banb.

周先阿标林休，

Zhoub xiand ad bioud liuongb xut，

你茶炯汝。

Nib chax jiongx rux.

良木阿竹共让，

Lial mub ad zhub gongx rangx，

发财求谢！

Fab caib qiux xiex！

阿酒——   （摇铃放筶）
Ab jiux—

  祝福家中六畜，祈福家内养牲。
  养狗也大，养猪也肥。
  水牯也大，黄牛也肥。
  养鸡成帮，养鸭成群。
  水牯满栏满圈，黄牛满帮满群。
  大钱广得，横财广进。
  大富大贵，大繁大荣。
  大成大就，大通大顺。
  平安健康，大吉大利。
  祝福一家大小，清吉平安。
  祈福一屋老幼，发财兴旺！
  神韵——

周先麻陇麻放，
Zhoub xiand mab liongl mab fangx,
良木商提炮斗。
Lial mub shangt tib paox dex.
首汉得公得牙，
Shoud hanx deit gongt deit yab,
汝汉公周公松。
Rux hanx zhoub gongt zhoub songd.
首你猛温猛笑，
Shoud nit mengb wengt mengb xiaox,
包照猛纵猛秋。
Baot zhaob mengb zongx mengb qiud.
能锐林久，
Nongb ruit liuongb jub,
能录章得。
Nongb lub zhuangb deib.
果通果明，

Guet tongt guet miongb,

果配果汝。

Guet peit guet rux.

就标白豆白内，

Jiub bioud beid dout beid neib,

标公白图白拢。

Bioud gongb beid tux beid liongb.

汝公汝松，

Rux gongt rux songd,

汝提汝豆。

Rux tib rux deb.

提单照白猛打猛贵，

Tib dand zhaox beid mengb dab mengb guix,

提明照白猛突猛痛。

Tib miongt zhaox beid mengb tub mengb tongx.

昂内腊拢几久欧明欧周，

Angb neit lab liongb jid jub out miongt out zhoub,

昂弄腊拢几娘迷花几录。

Angb niongx lab liongb jid niangb mib huat jid lub.

阿酒——   （摇铃放笒）

Ab jiux—

祝福穿的披的，赐福丝绸布匹。

养好蚕丝蚕虫，养好丝绸蚕儿。

养在大筛大簸，卧满大床大铺。

吃桑长身，吃叶壮体。

又白又胖，又大又好。

结茧满天满地，结颗满枝满丫。

好蚕好丝，好绸好缎。

绫罗装满大箱大柜，绸缎装满大仓大库。

夏天穿不尽绫罗绸缎，冬天穿不完棉衣棉套。

神韵——

周先洞久，

Zhoub xiand dongt jub,

良木洞板。

Lial mub dongt band.

闹达列拢修力，

Laox dab lieb liongb xuit lib,

闹送列拢油章。

Laox songx lieb liongb youb zhuangb.

窝汝送斗、

Aot rux songx doub、

几修阿标林休归先归得，

Jid xuit ad bioud liuongb xut guid xiand guid deib,

窝汝穷炯、

Aot rux qiongb jiongx、

几修阿竹共让归木归嘎。

Jid xuit ad zhub gongx rangx guid mub guid giax.

内浪先头转嘎虫兰，

Neib nangb xiand toub zhuanb giax chongb lanb,

木汝奈拿虫兄。

Mub rux naib nal chongb xiongd.

窝汝送斗，

Aot rux songx doub,

列修补就内绒吉标、

Lieb xuit but jux neib rongb jib bioud、

加皮几纵苟翁、

Jiad pix jid zongb goud wengd、

穷斗吉翁吉标见风、

Qiongb de jib wengd jib bioud jiangb fengt、

弄偶报标、

Nongt oub baob bioud、

棍忙足吾补土、

Gunt mangb zub wut but tud、

嘎苟录格、

Giat goud lub gied、

楼帮够斗、

Noub bangx goub dout、

豆剖腊蒙、

Dout bout lab mengb、

意苟招凤、

Yib goub zhaob fengt、

从篓几乙、

Congb loud jid yib、

狗嘎告豆。

Guoud giat gaob dout.

修嘎篓滚浪补，

Xuit giab loub gunb nangb bub，

油嘎篓穷浪冬。

Yob giab loud qiongx nangb dongt.

补路列修楼绒，

But lux lieb xuit loud rongb，

比路列修弄棍。

Bid lux lieb xuit nongb gunt.

列修爬迷报能，

Lieb xuit pax miongb baob nongb，

爬穷报热。

Pax qiongx baob reib.

出格斗标，

Chud gieb doub bioud，

喂怪柔纵。

Weix guaib roub zongx.

修嘎得忙禾交便告斗补，

Xuit giab deib mangb aob jiaot gaob doub bub，

油嘎度忙禾茶照告然冬。

Youb giad dux mangb aob cad gaob rab dongt.

阿酒——阿酒。   （摇铃放答）

Ab jiux—ab jiux.

留气已了，佑福已完。

上达要来收煞，上到要来解祸。

烧好糠香、不收一家大小生气儿气，

烧好蜡烟、不收一屋老幼洪福孙福。

信士的生气收在身中，洪福系在体内。

烧好糠蜡宝香，

要收三年恶煞家中、噩梦做在床头、

是非口舌、浓烟乱起家中、

恶蛇进家、死鬼作祟、

亡神丧木、鸡怪鸭兆、

田中坟井、乌云黑雾、

毒疮伤患、狗屎门前。

收去阳州以西，解去阴州一县。

土中要收稻瘟，地头要收米疫。

要收毒蚁进家，红蚁进库。

凶兆家中，怪异家内。

收去冤家仇人，五方山地，

解送仇人冤孽，六方山脉。

神韵——

泡猛纵浪酒·Peb mengb zongb nangb jiud·敬大桌的酒

修力洞久，

Xiut lib dongb jub，

油章洞板。

Youb zhuangb dongb banb.

扑久洽埋难当，

Pud jub qiax maib nanb dangb，

扑要洽埋难留。

Pud yaox qiax maib nanb liud.

内沙几单腊扑几单，

Neib shat jid dand lab pud jid dand,

内包几哭腊扑几哭。

Neib baod jid kud lab pud jid kud.

打久打炯嘎秋喂斗得寿告见,

Dat jiut dat jiongt giad quid weib doub deib shet gaot jianb,

打要打逃嘎怪剖弄告得送嘎。

Dab yaox dab tiaob giad guaix bout nongd gaot deib songx giax.

声棍喂扑几久腊召,

Shongt gunt weib pub jid jub lab zhaod,

弄猛喂寿几板腊将。

Nongx mengb weib shex jid banb lab jiangx.

列拢读约扛服,

Lieb liongb dub yod gangb fub,

窝秋扛龙。

Aob quix gangb longb.

阿——酒——阿——酒——   （摇铃放筶）

Ab—jiux—ab—jiux—

收煞已了,解祸已完。

我讲恐怕你难等,讲少怕你难待。

人教直的也讲直的,人教曲的也讲曲的。

若多几句莫怪吾本弟子交钱,

若少几句莫怪我这师郎度纸。

神辞我讲不了也罢,神韵我吟不完也罢。

我要供来给喝,敬来送吃。

神韵——

（注：到此时喊来舅爷或舅俵来到堂屋神桌边,恭敬虔诚地立正站好。舅爷双手捧起第一碗酒,缓缓地上下游动,待巴代放下响筶在桌面上的时候,对酒碗吹一口气,然后将酒喝下,千万不能将酒倒奠在地下,也不能洒掉一滴酒,然后将酒碗从下巴往上刮一下,表示其酒一滴都没洒。苗族不像其他民族那样将敬鬼敬神的酒食供品倒在地下,因为苗族人敬的是"我自己",不是鬼神崇拜,也不是祖先灵魂崇拜,而是自我崇拜,这是"自我不灭论"的具

体体现。倒酒在地下敬鬼神是敬不到的，是犯规的，这是千百年来老祖宗留下来的规矩。以下每堂敬酒、每碗敬酒都得如此，不再复述。）

读阿这酒，

Dub ad zhex jiud,

读约阿散这酒，

Dub yod ad sant zhex jiud,

阿然龙弄。

Ad rab longb nongb.

酒豆酒江，

Jiud dout jiud jiangb,

酒江酒明。

Jiud jiangb jiud miuongb.

阿散酒莽几洞先头，

Ad sant jiud mangb jid dongb xiand toub,

阿散酒卡吉良木汝。

Ad sant jiud kad jid liab mub rux.

几洞先头，

Jid dongb xiand toub,

阿标林休几最莎到先头，

Ad bioud liuongb xut jid zuib sax daox xiand toub,

吉良木汝，

Jid liab mub rux,

阿竹共让几最莎到木汝。

Ad zhub gongx rangx jid zuib sax daox mub rux.

麻让你单产谷产豆，

Mab rangx nit dand cant guob cant dout,

麻让炯挂吧谷吧就。

Mab rangx jiongx guax bax guob bax jux.

阿散这酒列拢扛服，

Ad sant zhex jiud lieb liongb gangb fud,

阿然龙弄列拢扛能。

Ad rab longb nongd lieb liongb gangb nongb.

酒豆酒江，

Jiud dout jiud jiangb，

酒江酒明。

Jiud jiangb jiud miuongb.

学西"拔浪竹岭"，

Xuob xit "pad nangb zhub liuongt"，

读约苟扛"拔浪竹岭"。

Dub yod ged gangb "pad nangb zhub liuongb".

学笑"浓浪竹共"，

Xuob xiaox "niuongx nangb zhub gongx"，

读约苟扛"浓浪竹共"。

Dub yod ged gangb "niuongx nangb zhub gongx".

"拔浪苟岭，

"Pad nangb ged liuongb，

浓浪苟共"。

Niuongx nangb goud gongx".

几拢扛单埋浪比豆，

Jid liongb gangb dand maib nangb bid dex，

吉冲扛送埋浪比斗。

Jib chongx gangb songx maib nangb bid doub.

拼散埋腊几最没服，

Pingt sant maib lab jid zuib meit fub，

拼卡埋莎几最没龙。

Piongt kax maib sax jid zuib meit longb.

否服自尼埋服，

Woub fub zid nib maib fub，

否能自尼埋能。

Woub nongb zid nib maib nongb.

否服埋服，

Woub fub maib fub，

否能埋能。

Woub nongb maib nongb.

拼散苟照打鸟，

Piongt sant goud zhaob dab niaob,

拼卡苟照达弄。

Piongt kax ged zhaob dab nongx.

阿——酒——阿——酒——   （摇铃放筶）

Ab—jiux—ab—jiux—

（舅爷对酒吹一口气，吃酒。）

敬上一呈供酒，一献敬酒。

香酒甜酒，甜酒蜜酒。

一呈供酒来换长气，一献供肉来换长寿。

来换长气，一家大小皆得长气，

来换长寿，一屋老幼皆得长寿。

少的坐过一千余年，老的活过一百余岁。

一呈供酒要敬给喝，一献敬酒要敬送吃。

香酒甜酒，甜酒蜜酒。

祭祀"最古的女"，供送"最古的女"。

敬奉"最老的男"，敬送"最老的男"。

"古道的女，老路的男"。

双手递来你的手中，双手捧到你的手内。

人喝就是你们得喝，人吃就是你们得吃。

他喝你喝，他吃你吃。

吹气齐皆来喝，吹味齐皆来吃。

吹气喝在口中，吹味吃在嘴内。

神韵——

服约阿散这酒，

Fub yod ad sant zhex jiud,

阿然龙弄。

Ad rab longb nongb.

阿达酒豆酒江，

Ad dab jiud dout jiud jiangb,

阿这酒江酒明。

Ad zhex jiud jiangb jiud miuongb.

得忙汝苟猛豆，

Deit mangb rux goud mengt dout,

度忙汝公猛炯。

Dux mangb rux gongt mengb jiongx.

龙锐江达长拢首久，

Nongb ruit jiangb dab changb liongb soud jiud,

龙列江这长拢首得。

Nongb liex jiangb zhex changb liongb soud deit.

求绒水单登绒，

Quix rongb shuit dand dengd rongb,

闹夯水送告共。

Laox hangb shuit songx aob gongx.

西约腊到先头，

Xid yod lab daox xiand toub,

笑约腊到木汝。

Xiaox yod lab daox mub rux.

产豆几没出格斗标，

Cant dout jid meib chud gib doub bioud,

吧就几没喂怪柔纵。

Bax jux jid meib weib guaix rout zongb.

你茶你猛产豆，

Nit cat nit mengb cant dout,

炯汝炯猛吧就。

Jiongx ux jiongx mengb bax jux.

猛出吾见腊拢，

Mengb chud wub jianb lab liongb,

猛岔吾嘎腊到。

Mengb chax wub giax lab daox.

出岭岭娘产豆，

Chud liuongx liuongx niangb cant dout,

出汝汝猛吧就。

Chud rux rux mengb bax jux.

阿——酒——阿——酒——　　　　　　　　　　（摇铃放答）

Ab—jiux—ab—jiux—

　　喝了一呈的酒，一献的供。

　　一呈敬酒甜酒，一献甜酒供酒。

　　病者好了病体，病人脱了病患。

　　吃菜甜嘴养育身体，吃饭香口养育血肉。

　　上山得到山顶，下地得力到位。

　　敬了便得长气，祭了便得长寿。

　　千年没有凶兆家中，百岁没有怪异家内。

　　清吉居得千年，平安坐过百岁。

　　去寻大钱也来，去找横财也到。

　　致富富得千年，发家好过百岁。

　　神韵——

读欧这酒，

Dub out zhex jiud,

列拢读约欧散这酒，

Lieb liongb dub yod out sant zhex jiud,

列读欧然龙弄。

Lieb dub out rab longb nongb.

读约酒豆酒江，

Dub yod jiud dout jiud jiangb,

吉柔酒江酒明。

Jib roub jiud jiangb jiud miuongb.

欧散酒莽列扛汝苟猛豆，

Out sant jiud mangb lieb gangb rux goud mengt dout,

欧散酒卡列扛汝公猛炯。

Out sant jiud kax lieb gangb rux gongx mengt jiongx.

抓猛抓豆莎腊抓齐，

Zhuad mengt zhuad dout sax lab zhuad qit,

抓兄抓弄莎腊抓叫。

Zhuab xiongd zhuab nongx sax lab zhuab jiaob.

他弄读约欧散这酒，

Tax nongd dub yod out sant zhex jiud,

忙弄续约欧然龙弄。

Mangx nongd xud yod out rab longb nongb.

欧达酒豆酒江，

Out dab jiud dout jiud jiangb,

欧者酒江酒明。

Out zhex jiud jiangb jiud miuongb.

学西"拔浪竹岭"，

Xuob xit "pad nangb zhub liuongt",

读约苟扛"拔浪竹岭"。

Dub yod ged gangb "pad nangb zhub liuongb".

学笑"浓浪竹共"，

Xuob xiaox "niuongx nangb zhub gongx",

读约苟扛"浓浪竹共"。

Dub yod ged gangb "niuongx nangb zhub gongx".

"拔浪苟岭，

"Pad nangb ged liuongb,

浓浪苟共"。

Niuongx nangb goud gongx".

得秋吉柔送单埋浪窝豆，

Deit qut jib roux songx dand maib nangb aot dout,

得兰吉柔扛送埋浪窝斗。

Deit lan jib roux gangb songx maib nangb aob doub.

否服自尼埋服，

Woub fub zid nib maib fub,

否能自尼埋能。

Woub nongb zid nib maib nongb.

否服埋服，

Woub fub maib fub,

否能埋能。

Woub nongb maib nongb.

拼散埋腊几最没服，

Piongt sant maib lab jid zuib meit fub，

拼卡埋莎几最没龙。

Qiongt kax maib sax jid zuib meit nongb.

拼散苟照打鸟，

Piongt sant goud zhaob dab niaob，

拼卡苟照达弄。

Piongt kax ged zhaob dab nongx.

阿——酒——阿——酒——   （摇铃放答）

Ab—jiux—ab—jiux—

（舅爷对酒吹一口气，吃酒。）

要来敬上二呈供酒，要供二献敬酒。

二呈香酒甜酒，二献甜酒蜜酒。

二呈供酒要来解病，二献干酒要来解痛。

脱痛脱病全都脱了，脱灾脱难全部脱完。

今天来敬二呈供酒，今日来供二献敬酒。

二呈香酒甜酒，二献甜酒蜜酒。

祭祀"最古的女"，供送"最古的女"。

敬奉"最老的男"，敬送"最老的男"。

"古道的女，老路的男"。

舅爷端着递到你们手中，舅俵拿着送到你们手内。

人喝就是你们得喝，人吃就是你们得吃。

他喝你喝，他吃你吃。

吹气齐皆来喝，吹味齐皆来吃。

吹气喝在口中，吹味吃在嘴内。

神韵——

服约欧散这酒，

Fub yod out sant zhex jiud，

服约欧然龙弄。

Fub yod out rab longb nongb.

欧达酒豆酒江，

Out dab jiud dout jiud jiangb,

欧这酒江酒明。

Out zhex jiud jiangb jiud miuongb.

得忙汝苟你茶，

Deit mangb rux goud nit cat,

度忙汝公炯汝。

Dux mangb rux gongt jiongx rux.

龙锐长江长纵大气，

Nongb ruit changb jiangb changb zongb dab qit,

龙列长江长你达写。

Nongb liex changb jiangb changb nit dab xied.

能锐首久长到先头，

Nongb ruit soud jiud changb daox xiand toub,

龙锐长江长纵木汝。

Nongb ruit changb jiangb changb zongb mub rux.

西约腊到先头麻林，

Xit yod lab daox xiand toub mab liuongb,

笑约腊到木汝麻头。

Xiaox yod lab daox mub rux mab toub.

产豆几没出格斗标，

Cant dout jid meib chud gib doub bioud,

吧就几没喂怪柔纵。

Bax jux jid meib weib guaix roub zongb.

你茶你猛产豆，

Nit cat nit mengb cant dout,

炯汝炯猛吧就。

Jiongx rux jiongx mengb bax jux.

你气葡剖葡乜，

Nit qix pub pout pub nas,

炯气葡内葡骂。

Jiongx qix pub neid pub max.

你气窝柔斗补，

Nit qit aot roub doub bub,

炯气窝图然冬。

Jiongx qit aot tub rab dongt.

你气冬林夯公，

Nit qit dongt liuongb hangb gongt,

炯气绒善夯他。

Jiongx qit rongb shait hangb tax.

阿——酒——阿——酒——　　　　　　　　　　（摇铃放筶）

Ab—jiux—ab—jiux—

喝了二呈的酒，二献的供。

二呈敬酒甜酒，二献甜酒供酒。

病者好病痊愈，病人脱病安康。

吃菜甜嘴甜在肚中，吃饭香口甜在心内。

吃菜甜嘴得到延年，吃饭香口得到益寿。

敬了也得延年，祭了也得加寿。

千年没有凶兆家中，百岁没有怪异家内。

清吉居得千年，平安坐过百岁。

居来承根接祖，坐来添子发孙。

居来寿同古木，坐来寿同古树。

居来寿如南岭，坐来寿比南山。

神韵——

读补这酒，

Dub but zhex jiud,

读约补散这酒，

Dub yod but sant zhex jiud,

读扛补然龙弄。

Dub gangb but rab longb nongb.

补达酒豆酒江，

But dab jiud dout jiud jiangb,

补这酒江酒明。

But zhex jiud jiangb jiud miuongb.

补散酒莽告归，

But sant jiud mangb gaob guit,

补散酒卡料爬。

But sant jiud kad liaox bax.

标归长单长齐，

Bioud guit changb dand changb qit,

且爷长足长汝。

Quex yueb changb zub changb rux.

阿奶得秋拢单几图，

Ad leit deit qut liongb dand jid tub,

阿图得兰拢送窝养。

Ad tub deit lanb liongb songx aob yangb.

否拢否秋拔浪竹林，

Woub liongb woub quix pad nangb zhub liuongb,

否炯否秋浓浪竹共。

Woub jiongx woub quix niuongx nangb zhub gongx.

读约补散这酒，

Dub yod but sant zhex jiud,

读扛补然龙弄。

Dub gangb but rab longb nongb.

补达酒豆酒江，

But dab jiud dout jiud jiangb,

补这酒江酒明。

But zhex jiud jiangb jiud miuongb.

学西"拔浪竹岭"，

Xuob xit "pad nangb zhub liuongt",

读约苟扛"拔浪竹岭"。

Dub yod ged gangb "pad nangb zhub liuongb".

学笑"浓浪竹共"，

Xuob xiaox "niuongx nangb zhub gongx",

读约苟扛"浓浪竹共"。

Dub yod ged gangb "niuongx nangb zhub gongx".

"拔浪苟岭，

"Pad nangb ged liuongb,

浓浪苟共"。

Niuongx nangb goud gongx".

拼散埋腊几最没服,

Piongt sant maib lab jid zuib meit fub,

拼卡埋莎几最没龙。

Qiongt kax maib sax jid zuib meit nongb.

拼散苟照打鸟,

Piongt sant goud zhaob dab niaob,

拼卡苟照达弄。

Piongt kax ged zhaob dab nongx.

阿——酒——阿——酒——　　　　　　　　　　（摇铃放筶）

Ab—jiux—ab—jiux—

（舅爷对酒吹一口气、吃酒。）

敬三呈酒

　　　敬上三呈供酒,三献敬酒。

　　　三呈香酒甜酒,三献甜酒蜜酒。

　　　三呈供酒要来理魂,三献干酒要来赎魂。

　　　理魂理得回来回齐,赎魂赎得回全回好。

　　　一位舅爷来到这里,一个舅俫来临此间。

　　　他来他是祖神的代表,他来他是祖神的化身。

　　　敬上三呈供酒,敬送三献敬酒。

　　　三呈香酒甜酒,三献甜酒供酒。

　　　祭祀"最古的女",供送"最古的女"。

　　　敬奉"最老的男",敬送"最老的男"。

　　　"古道的女,老路的男"。

　　　吹气齐皆来喝,吹味齐皆来吃。

　　　吹气喝在口中,吹味吃在嘴内。

　　　神韵——

服约补散这酒,

Fub yod but sant zhex jiud,

补然龙弄。

But rab longb nongb.

补达酒豆酒江，

But dab jiud dout jiud jiangb，

补这酒江酒明。

But zhex jiud jiangb jiud miuongb.

得忙汝别长拢锐锐，

Deit mangb rux boub changb liongb ruit ruit，

度忙汝归长单让让。

Dux mangb rux guit changb dand rangx rangx.

别归长拢转嘎虫兰，

Boub guit changb liongb zhuanb giax chongb lanb，

且越长拢奈拿报长。

Quex yueb changb liongb naib nab baox changb.

别归长拢汝久汝得，

Boub guit changb liongb rux jiud rux deib，

且越长拢抓卡汝绒。

Quex yueb changb liongb zhuab kax rux rongb.

你茶你猛产豆，

Nit cat nit mengb cant dout，

炯汝炯猛吧就。

Jiongx rux jiongx daox bax jux.

阿——酒——阿——酒——　　　　　　　　　　（摇铃放筶）

Ab—jiux—ab—jiux—

喝了三呈的酒，三献的供。

三呈敬酒甜酒，三献甜酒供酒。

信士良魂转来急急，良人好魄回来忙忙。

良魂附体健康身体，好魄附身好气好力。

清吉居得千年，平安坐过百岁。

神韵——

读比这酒，

Dub bit zhex jiud,

读约比散这酒，

Dub yod bit sant zhex jiud,

读扛比然龙弄。

Dub gangb bit rab longb nongb.

比达酒豆酒江，

Bit dab jiud dout jiud jiangb,

比这酒江酒明。

Bit zhex jiud jiangb jiud miuongb.

比散酒莽他数，

Bit sant jiud mangb tad sud,

比散酒卡他那。

Bit sant jiud kad tad liax.

他数他半洞久，

Tad sud tad banb dongb jub,

将那将久洞半。

Jiangx laix jiangx jub dongb banb.

读约比散这酒，

Dub yod bit sant zhex jiud,

读扛比然龙弄。

Dub gangb bit rab longb nongb.

比散酒豆酒江，

Bit sant jiud dout jiud jiangb,

比散酒江酒明。

Bit sant jiud jiangb jiud miuongb.

学西"拔浪竹岭"，

Xuob xit "pad nangb zhub liuongt",

读约苟扛"拔浪竹岭"。

Dub yod ged gangb "pad nangb zhub liuongb".

学笑"浓浪竹共"，

Xuob xiaox "niuongx nangb zhub gongx",

读约苟扛"浓浪竹共"。

Dub yod ged gangb "niuongx nangb zhub gongx".

"拔浪苟岭，

"Pad nangb ged liuongb,

浓浪苟共"。

Niuongx nangb goud gongx".

得秋吉柔送单埋浪窝豆，

Deit qut jib roux songx dand maib nangb aot dout,

得兰吉柔扛送埋浪窝斗。

Deit lan jib roux gangb songx maib nangb aob doub.

否服自尼埋服，

Woub fub zid nib maib fub,

否能自尼埋能。

Woub nongb zid nib maib nongb.

否服埋服，

Woub fub maib fub,

否能埋能。

Woub nongb maib nongb.

拼散埋腊几最没服，

Piongt sant maib lab jid zuib meit fub,

拼卡埋莎几最没龙。

Qiongt kax maib sax jid zuib meit nongb.

拼散苟照打鸟，

Piongt sant goud zhaob dab niaob,

拼卡苟照达弄。

Piongt kax ged zhaob dab nongx.

阿——酒——阿——酒——   （摇铃放笆）

Ab—jiux—ab—jiux—

（舅爷对酒吹一口气、吃酒。）

敬上四呈供酒，敬献四献敬酒。

四呈香酒甜酒，四献甜酒蜜酒。

四呈供酒要来脱锁，四献干酒要来解索。

脱锁全已脱了，解索全部解完。

敬上四呈供酒，上这四献敬酒。

四呈香酒甜酒，四献甜酒供酒。

祭祀"最古的女"，供送"最古的女"。

敬奉"最老的男"，敬送"最老的男"。

"古道的女，老路的男"。

舅爷端着递到你们手中，舅俵拿着送到你们手内。

人喝就是你们得喝，人吃就是你们得吃。

他喝你喝，他吃你吃。

吹气齐皆来喝，吹味齐皆来吃。

吹气喝在口中，吹味吃在嘴内。

神韵——

服约比散这酒，

Fub yod bit sant zhex jiud,

比然龙弄。

Bit rab longb nongb.

比达酒豆酒江，

Bit dab jiud dout jiud jiangb,

比这酒江酒明。

Bit zhex jiud jiangb jiud miuongb.

向剖向乜他数抓数，

Xiangt pout xiangt nias tad su zhuax sud,

向内向骂将那抓那。

Xiangt neid xiangt max jiangx liax zhuax liax.

阿标林休他数抓数，

Ab bioud liuongb xut tad sud zhuax sud,

阿竹共让将那抓那。

Ab zhub gongx rangx jiangx liax zhuax liax.

再斗阿产欧谷标，

Zaix doub ad cant out guob bioud,

内浪阿吧欧谷竹。

Neib nangb ab bax out guob zhub.

产谷产标他数抓数，

Cant guob cant bioud tad sud zhuax sud,

吧谷吧竹将那抓那。

Bax guob bax zhub jiangx liax zhuax liax.

产内久斗数洞数恩，

Cant neib jud doub sud dongb sud engb,

吧内久斗数首数闹。

Bax neib jud doub sud sout soud liuaot.

西约腊到先头，

Xid yod lab daox xiand toub,

笑约腊到木汝。

Xiaox yod lab daox mub rux.

产豆几没出格斗标，

Cant dout jid meib chud gib chub bioud,

吧就几没喂怪柔纵。

Bax jux jid meib weib guaix roub zongb.

你茶你猛产豆，

Nit cat nit mengb cant dout,

炯汝炯猛吧就。

Jiongx rux jiongx mengb bax jux.

出见吾见腊拢，

Chud jianb wub jianb lab liongb,

出汝吾嘎腊到。

Chud rux wub giad lab daox.

出话岭娘产豆，

Chud huat liuongt niangb cant dout,

出岭汝猛吧就。

Chud liuongt rux mengb bax jux.

阿——酒——阿——酒——　　　　　　　　　（摇铃放答）

Ab—jiux—ab—jiux—

喝了四呈的酒，四献的供。

四呈敬酒甜酒，四献甜酒供酒。

祖公祖婆脱锁已了，先母先父解索已完。

一家大小脱锁已了，一屋老幼解索已完。

再有一千二百家，房族一百二十户。

房族人等脱锁已了，叔伯弟兄解索已完。

千人解了铜锁铁锁，百众脱了铜索铁索。

敬了便得长气，祭了便得长寿。

千年没有凶兆家中，百岁没有怪异家内。

清吉居得千年，平安坐过百岁。

做成大钱也来，做好横财也到。

做大富得千年，做强好过百岁。

神韵——

读约便散这酒，

Dub yod biat sant zhex jiud,

读扛便然龙弄。

Dub gangb biat rab longb nongb.

便达酒豆酒江，

Biat dab jiud dout jiud jiangb,

便这酒江酒明。

Biat zhex jiud jiangb jiud niongb.

便散酒莽周先，

Biat sant jiud mangb zhoub xiand,

便散酒卡良木。

Biat sant jiud kad liab mub.

周先莎到先头麻林，

Zhoub xiand sax daox xiand toub mab liuongb,

良木莎到木汝麻头。

Liab mub sax daox mub rux mab toub.

读约便散这酒，

Dub yod biat sant zhex jiud,

读扛便然龙弄。

Dub gangb biat rab longb nongb.

便达酒豆酒江，

Biat dab jiud jiud dout jiud jiangb,

便这酒江酒明。

Biat zhex jiud jiangb jiud miuongb.

学西"拔浪竹岭",

Xuob xit "pad nangb zhub liuongt",

读约苟扛"拔浪竹岭"。

Dub yod ged gangb "pad nangb zhub liuongb".

学笑"浓浪竹共",

Xuob xiaox "niuongx nangb zhub gongx",

读约苟扛"浓浪竹共"。

Dub yod ged gangb "niuongx nangb zhub gongx".

"拔浪苟岭,

"Pad nangb ged liuongb,

浓浪苟共"。

Niuongx nangb goud gongx".

得秋吉柔送单埋浪窝豆,

Deit qut jib roux songx dand maib nangb aot dout,

得兰吉柔扛送埋浪窝斗。

Deit lan jib roux gangb songx maib nangb aob doub.

否服自尼埋服,

Woub fub zid nib maib fub,

否能自尼埋能。

Woub nongb zid nib maib nongb.

否服埋服,

Woub fub maib fub,

否能埋能。

Woub nongb maib nongb.

拼散埋腊几最没服,

Piongt sant maib lab jid zuib meit fub,

拼卡埋莎几最没龙。

Qiongt kax maib sax jid zuib meit nongb.

拼散苟照打鸟,

Piongt sant goud zhaob dab niaob,

拼卡苟照达弄。

Piongt kax ged zhaob dab nongx.

阿——酒——阿——酒—— （摇铃放筶）

Ab—jiux—ab—jiux—

（舅爷对酒吹一口气、吃酒。）

敬上五呈供酒，敬供五献敬酒。
五呈香酒甜酒，五献甜酒蜜酒。
五呈供酒要来留气，五献干酒要来赐福。
留气也得长气长命，赐福也得大福洪福。
敬上五呈供酒，敬供五献敬酒。
五呈香酒甜酒，五献甜酒供酒。
祭祀"最古的女"，供送"最古的女"。
敬奉"最老的男"，敬送"最老的男"。
"古道的女，老路的男"。
舅爷端着递到你们手中，舅俵拿着送到你们手内。
人喝就是你们得喝，人吃就是你们得吃。
他喝你喝，他吃你吃。
吹气齐皆来喝，吹味齐皆来吃。
吹气喝在口中，吹味吃在嘴内。
神韵——

服约便散这酒，
Fub yod biat sant zhex jiud,
便然龙弄。
Biat rab longb nongb.
便达酒豆酒江，
Biat dab jiud dout jiud jiangb,
便这酒江酒明。
Biat zhex jiud jiangb jiud miuongb.
得忙几洞先头腊到先头，
Deit mangb jid dongb xiand toub lab daox xiand toub,
度忙吉良木汝莎到木汝。

Dux mangb jib liab mub rux sax daox mub rux.

西约腊到先头麻林，

Xiud yod lab daox xiand toub mab liuongb，

照弄求猛你娘产豆。

Zhaob nongd quix mengb nit niangb cant dout.

笑约腊到木汝麻头，

Xiaox yod lab daox mub rux mab toub，

照弄求猛炯挂吧就。

Zhaob nongd quix mengb jiongx guax bax jux.

阿标林休，

Ab bioud liuongb，

你气葡剖葡乜。

Nit qix pub pout pub nis.

阿竹共让，

Ad zhub gongx rangx，

炯气葡内葡骂。

Jiongx qix pub neid pub max.

你气窝柔斗补，

Nit qit aot roub doub bub，

炯气窝图然冬。

Jiongx qit aot tub rab dongt.

你气冬林夯公，

Nit qit dongt liuongb hangb gongt，

炯气绒善夯他。

Jiongx qit rongb shait hangb tax.

产豆几没出格斗标，

Cant dout jid meib chud gib doub bioud，

吧就几没喂怪柔纵。

Bax jux jid meib weib guaib roub zongb.

你茶你猛产豆，

Nit cat nit mengb cant dout，

炯汝炯猛吧就。

Jiongx rux jiongx mengb bax jux.

阿——酒——阿——酒—— （摇铃放笤）
Ab—jiux—ab—jiux—

　　喝了五呈的酒，五献的供。
　　五呈敬酒甜酒，五献甜酒供酒。
　　主家祈福也得增福延寿，主人祈祷也获长命洪福。
　　敬了便得长气长命，从今以后坐得千年。
　　祭了便得洪福长寿，从此以后坐过百岁。
　　一家大小，居来承根接祖。
　　一屋老幼，坐来添子发孙。
　　居来寿同古木，坐来寿同古树。
　　居来寿如南岭，坐来寿比南山。
　　千年没有凶兆家中，百岁没有怪异家内。
　　清吉居得千年，平安坐过百岁。
　　神韵——

读照这酒，
Dub zhaob zhex jiud,
读约照散这酒，
Dub yod zhaob sant zhex jiud,
读扛照然龙弄。
Dub gangb zhaob rab longb nongb.
照达酒豆酒江，
Zhaox dab jiud dout jiud jiangb,
照这酒江酒明。
Zhaox zhex jiud jiangb jiud miuongb.
照散酒莽休力，
Zhaox sant jiud mangb xiut lib,
照散酒卡油状。
Zhaox sant jiud kax yub zhuangl.
休力休闹乙热内补，
Xiut lib xiut laox yib reb neib bub,
油状油嘎以然内冬。

Yub zhuangl yub giax yib ranb neib dongt.

列休加绒加棍，

Lieb xiut jiad rongb jiad gunt,

列油加皮加细。

Lieb yub jiad bix jiad xix.

列休加梦加豆，

Lieb xiut jiad mengt jiad dout,

列休加章加萨。

Lieb xiut jiad zhuangb jiad sad.

列休加事加录，

Lieb xiut jiad six jiad nub,

列休加内加总。

Lieb xiut jiad neib jiad zongb.

列休就达白见，

Lieb xiut jub dab beid jianb,

列休就挂袍嘎。

Lieb xiut jiub guax paox giax.

几齐休闹乙热内补，

Jid qit xiut laox yib reb neib bub,

吉叫油嘎以然内冬。

Jib jiaob yub giax yib rab neib dongt.

休猛几齐，

Xiut mengb jid qit,

油猛吉叫。

Yub mengb jib jiaob.

照散这酒，

Zhaox sant zhex jiud,

照然龙弄。

Zhaox rab longb nongb.

酒豆酒江，

Jiud dout jiud jiangb,

酒江酒明。

Jiud jiangb jiud miuongb.

学西"拔浪竹岭",

Xuob xit "pad nangb zhub liuongt",

读约苟扛"拔浪竹岭"。

Dub yod ged gangb "pad nangb zhub liuongb".

学笑"浓浪竹共",

Xuob xiaox "niuongx nangb zhub gongx",

读约苟扛"浓浪竹共"。

Dub yod ged gangb "niuongx nangb zhub gongx".

"拔浪苟岭,

"Pad nangb ged liuongb,

浓浪苟共"。

Niuongx nangb goud gongx".

得秋吉柔送单埋浪窝豆,

Deit qut jib roux songx dand maib nangb aot dout,

得兰吉柔扛送埋浪窝斗。

Deit lan jib roux gangb songx maib nangb aob doub.

否服自尼埋服,

Woub fub zid nib maib fub,

否能自尼埋能。

Woub nongb zid nib maib nongb.

否服埋服,

Woub fub maib fub,

否能埋能。

Woub nongb maib nongb.

拼散埋腊几最没服,

Piongt sant maib lab jid zuib meit fub,

拼卡埋莎几最没龙。

Qiongt kax maib sax jid zuib meit nongb.

拼散苟照打鸟,

Piongt sant goud zhaob dab niaob,

拼卡苟照达弄。

Piongt kax ged zhaob dab nongx.

阿——酒——阿——酒——

（摇铃放答）

Ab—jiux—ab—jiux—

（舅爷对酒吹一口气、吃酒。）

　　敬上六呈供酒，敬供六献敬酒。
　　六呈香酒甜酒，六献甜酒蜜酒。
　　六呈供酒要驱凶神，六献干酒要赶恶煞。
　　凶神驱去他乡别里，恶煞赶去他地别处。
　　要驱凶神恶鬼，要赶坏梦噩梦。
　　要驱顽疾恶病，要赶官非口舌。
　　要驱灾难祸害，要赶凶贼恶人。
　　要驱失财破米，要赶晦气恼气。
　　全都驱去他乡别里，全部赶去他地别处。
　　六呈供酒，六献敬酒。
　　香酒甜酒，甜酒蜜酒。
　　祭祀"最古的女"，供送"最古的女"。
　　敬奉"最老的男"，敬送"最老的男"。
　　"古道的女，老路的男"。
　　舅爷拿着敬到你们手中，舅俵拿着送到你们手内。
　　人喝就是你们得喝，人吃就是你们得吃。
　　他喝你们得喝，他吃你们得吃。
　　吹气齐皆来喝，吹味齐皆来吃。
　　吹气喝在口中，吹味吃在嘴内。
　　神韵——

服约照散这酒，
Fub yod zhaox sant zhex jiud,
照然龙弄。
Zhaox rab longb nongb.
照达酒豆酒江，
Zhaox dab jiud dout jiud jiangb,
照这酒江酒明。
Zhaox zhex jiud jiangb jiud miuongb.

休力休猛乙热内补，

Xiut lib xiut mengb yib reib neib bub，

油章油闹依然内冬。

Yub zhungb yub laox yib rab neib dongt.

吉标几没几绵，

Jib bioud jid meib miangb，

几竹几没吉乡。

Jid zhub jid meib jib xiangd.

吉标茶高善善，

Jib bioud cat gaod shait shait，

几竹明汝忙忙。

Jid zhub miuongb rux mangb mangb.

茶高善善汝你，

Cat gaod shait shait rux nit，

明汝忙忙汝炯。

Miuongb rux mangb mangb rux jiongx.

产豆几没出格斗标，

Cant dout jid meib chud gib doub bioud，

吧就几没喂怪柔纵。

Bax jux jid meib weib guaix roub zongb.

你茶你猛产豆，

Nit cat nit mengb cant dout，

炯汝炯猛吧就。

Jiongx rux jiongx mengb bax jux.

出见吾见腊拢，

Chud jianb wut jianb lab liongb，

出汝吾嘎腊到。

Chud rux wut giad lab daox.

出话岭娘产豆，

Chud huat liuongt niangb cant dout，

出求汝猛吧就。

Chud quix rux mengb bax jux.

阿——酒——阿——酒——

（摇铃放答）

Ab—jiux—ab—jiux—

喝了六呈的酒，六献的供。
六呈敬酒甜酒，六献甜酒供酒。
凶神驱去他乡别里，恶煞赶去他地别处。
家中没有龌龊，家内没有垃圾。
家中干干净净，家内清清白白。
干干净净好居，清清白白好住。
千年没有凶兆家中，百岁没有怪异家内。
清吉居得千年，平安坐过百岁。
做好大钱也来，做大横财也到。
做大富得千年，做强好过百岁。
神韵——

读炯这酒，
Dub jiongb zhex jiud,
读约炯散这酒，
Dub yod jiongb sant zhex jiud,
阿然龙弄。
Ad rab longb nongb.
酒豆酒江，
Jiud dout jiud jiangb,
酒江酒明。
Jiud jiangb jiud miuongb.
炯散酒莽几洞先头，
Jiongb sant jiud mangb jid dongb xiand toub,
炯散酒卡吉良木汝。
Jiongb sant jiu kad jib liab mub rux.
几洞先头，
Jid dongb xiand toub,
阿标林休几最莎到先头。
Ad bioud liuongb xut jid zuib sax daox xiand toub.
吉良木汝，

Jib liax mub rux,

阿竹共让几最莎到木汝。

Ad zhub gongx rangx jid zuib sax daox mub rux.

西约列扛汝苟猛豆，

Xid yod lieb gangb rux goud mengb dout,

笑约列扛汝公猛炯。

Xiaox yod lieb gangb rux gongt mengb jiongx.

西吾长拢朋服，

Xit wut changb liongb bengb fub,

西列长拢朋龙。

Xit liex changb liongb bengb nongb.

龙锐长你打起，

Nongb ruit changb nit dab qit,

龙列长纵达写。

Nongb liex changb zongb dab xied.

龙锐长拢江嘎，

Nongb ruit changb liongb jiangb giad,

龙列长拢江记。

Nongb liex changb longb jiangb jib.

求绒水单，

Quix rongb shuit dand,

闹夯水送。

Laox hangb shuit songx.

西约娘萨，

Xit yod niangb sax,

笑约娘章。

Xiaox yod niangb zhuangb.

娘萨娘猛产豆，

Niangb sad niangb mengb cant dout,

娘章娘猛吧就。

Niangb zhuangb niangb mengb bax jux.

标西几扛长周，

Bioud xit jid gangb changb zhout,

窝潮几扛长干。

Zox zaojid gangb changb ganb.

出格久长斗标，

Chub gib jud changb doub bioud，

喂怪久长柔纵。

Weib guaix jud changb roub zongb.

娘萨娘猛产豆，

Niangb sad niangb mengb cant dout，

娘章娘猛吧就。

Niangb zhuangb niangb mengb bax jux.

炯散这酒，

Jiongx sant zhex jiud，

炯然龙弄。

Jiongx rab longb nongb.

酒豆酒江，

Jiud dout jiud jiangb，

酒江酒明。

Jiud jiangb jiud miuongb.

学西"拔浪竹岭"，

Xuob xit "pad nangb zhub liuongt"，

读约苟扛"拔浪竹岭"。

Dub yod ged gangb "pad nangb zhub liuongb".

学笑"浓浪竹共"，

Xuob xiaox "niuongx nangb zhub gongx"，

读约苟扛"浓浪竹共"。

Dub yod ged gangb "niuongx nangb zhub gongx".

"拔浪苟岭，

"Pad nangb ged liuongb，

浓浪苟共"。

Niuongx nangb goud gongx".

拼散埋腊几最没服，

Piongt sant maib lab jid zuib meit fub，

拼卡埋莎几最没龙。

Qiongt kax maib sax jid zuib meit nongb.

拼散苟照打鸟，

Piongt sant goud zhaob dab niaob,

拼卡苟照达弄。

Piongt kax ged zhaob dab nongx.

阿——酒——阿——酒——   （摇铃放筶）

Ab—jiux—ab—jiux—

（舅爷对酒吹一口气、吃酒。）

要来敬上七呈供酒，七献敬酒。

香酒甜酒，甜酒蜜酒。

七呈供酒来换长气，七献敬肉来换长寿。

来换长气，一家大小都得长气。

来换长寿，一屋老幼皆得长寿。

今天喝了七呈供酒，七献敬酒。

喝了要送好疾好病，吃了要送好病好痛。

渴水转来想喝，饿饭转来想吃。

吃菜转来甜肚，吃饭转来肥肠。

吃菜转来得甜，吃饭转来得香。

上坡得到，下山得临。

敬了要送得好，祭了要送得灵。

好要好得千年，安要安得百载。

凶异不转家里，凶怪不现家内。

看水碗不许再见恶煞，问米卜不准再现恶鬼。

祭了要送准得千年，敬了要送安得百载。

七呈供酒，七献敬酒。

祭祀"最古的女"，要来供送"最古的女"。

供奉"最老的男"，要来敬送"最老的男"。

"古道的女，老路的男"。

吹气齐皆来喝，吹味齐皆来吃。

吹气喝在口中，吹味吃在嘴内。

神韵——

袍板纵浪酒·Peb band zongb nangb jiud·敬小桌的酒

（巴代坐在原地不动，舅爷上去，蹲在神坛前敬两碗酒，此为敬地楼、地板副坛的酒。具体做法如前。）

列拢读约呕达禾纵，

Lieb liongb dub yod out dab aob zongb,

呕这比秋。

Out zhex bit quix.

读约炯散这酒，

Dub yod jiongb sant zhex jiud,

阿然龙弄。

Ad rab longb nongb.

酒豆酒江，

Jiud dout jiud jiangb,

酒江酒明。

Jiud jiangb jiud miuongb.

阿散酒莽几洞先头，

Ad sant jiud mangb jid dongb xiand toub,

阿散酒卡吉良木汝。

Ad sant jiu kad jib liab mub rux.

几洞先头，

Jid dongb xiand toub,

阿标林休几最莎到先头。

Ad bioud liuongb xut jid zuib sax daox xiand toub.

吉良木汝，

Jib liax mub rux,

阿竹共让几最莎到木汝。

Ad zhub gongx rangx jid zuib sax daox mub rux.

学西"内浪单敏，

Xuob xit "neib nangb dand miongt,

浓浪秋补，

Niuongx nangb quix bub,

禾浪皂洞写棍"。

Aob nangb zaob dongt xied gunt".

读约苟扛"内浪单敏，

Dub yod ged gangb "neib nangb dand miongt,

浓浪秋补，

Niuongx nangb quix bub,

禾浪皂洞写棍"。

Aob nangb zaob dongt xied gunt".

拼散几最没服，

Piongt sant jid zuib meit fub,

拼卡几最没龙。

Qiongt kad jid zuib meit longb.

拼散苟照打鸟，

Piongt sant goud zhaob dab niaob,

拼卡苟照达弄。

Piongt kax ged zhaob dab nongx.

阿——酒——阿——酒——   （摇铃放答）

Ab—jiux—ab—jiux—

要来敬供两碗地楼，两盏地板。

一呈供酒，一献敬酒。

香酒甜酒，甜酒蜜酒。

一呈供酒来换长气，一献供肉来换长寿。

来换长气，一家大小皆得长气。

来换长寿，一屋老幼都得长寿。

祭祀"女的青裙，男的地域，古代氏族祖先"。

要来敬送"女的青裙，男的地域，古代氏族祖先"。

吹气齐皆来喝，吹味齐皆来吃。

吹气喝在口中，吹味吃在嘴内。

神韵——

服约阿散这酒，

Fub yod ai sant zhex jiud,

阿然龙弄。

Ai rab longb nongb.

阿达酒豆酒江，

Ai dab jiud dout jiud jiangb,

补这酒江酒明。

But zhex jiud jiangb jiud miuongb.

得忙汝苟猛豆，

Deit mangb rux goud mengt dout,

度忙汝公猛炯。

Dux mangb rux gongt mengb jiongx.

龙锐江达长拢首久，

Nongb ruit jiangb dab changb liongb soud jiud,

龙列江这长拢首得。

Nongb liex jiangb zhex changb liongb soud deit.

求绒水单登绒，

Quix rongb shuit dand dengd rongb,

闹夯水送告共。

Laox hangb shuit songx aob gongx.

西约腊到先头，

Xid yod lab daox xiand toub,

笑约腊到木汝。

Xiaox yod lab daox mub rux.

产豆几没出格斗标，

Cant dout jid meib chud gib doub bioud,

吧就几没喂怪柔纵。

Bax jux jid meib weib guaix rout zongb.

你茶你猛产豆，

Nit cat nit mengb cant dout,

炯汝炯猛吧就。

Jiongx ux jiongx mengb bax jux.

猛出吾见腊拢，

Mengb chud wub jianb lab liongb,

猛岔吾嘎腊到。

Mengb chax wub giax lab daox.

出岭岭娘产豆,

Chud liuongx liuongx niangb cant dout,

出汝汝猛吧就。

Chud rux rux mengb bax jux.

阿——酒——阿——酒——　　　　　　（摇铃放筶）

Ab—jiux—ab—jiux—

喝了一呈的酒,一献的供。

一呈敬酒甜酒,一献甜酒供酒。

病者好了病体,病人脱了病患。

吃菜甜嘴养育身体,吃饭香口养育血肉。

上山得到山顶,下地得力到位。

敬了便得长气,祭了便得长寿。

千年没有凶兆家中,百岁没有怪异家内。

清吉居得千年,平安坐过百岁。

去寻大钱也来,去找横财也到。

致富富得千年,发家好过百岁。

神韵——

列拢读约欧达禾纵,

Lieb liongb dud yod out aob zongb.

呕这比秋。

Out zhex bit quix.

读约炯散这酒,

Dub yod jiongb sant zhex jiud,

阿然龙弄。

Ad rab longb nongb.

酒豆酒江,

Jiud dout jiud jiangb,

酒江酒明。

Jiud jiangb jiud miuongb.

呕散酒莽修力，

Out sant jiud mangb xiut lib，

酒卡油章。

Jiud kad yub zhuangb.

修力洞久，

Xiut lib dongt jub，

油章洞板。

Yub zhuangb dongt banb.

学西"内浪单敏、

Xuob xit "neib nangb dand miongt、

浓浪秋补、

Niuongx nangb quix bub、

禾浪皂洞写棍"。

Aob nangb zaob dongt xied gunt".

读约苟扛"内浪单敏、

Dub yod ged gangb "neib nangb dand miongt、

浓浪秋补、

Niuongx nangb quix bub、

禾浪皂洞写棍"。

Aob nangb zaob dongt xied gunt".

拼散几最没服，

Piongt sant jid zuib meit fub，

拼卡几最没龙。

Qiongt kad jid zuib meit longb.

拼散苟照打鸟，

Piongt sant goud zhaob dab niaob，

拼卡苟照达弄。

Piongt kax ged zhaob dab nongx.

阿——酒——阿——酒——　　　　　　　　　（摇铃放答）

Ab—jiux—ab—jiux—

要来敬供两碗地楼，两盏地板。

二呈供酒，二献敬酒。

香酒甜酒，甜酒蜜酒。

二呈供酒收灾，二献供肉收煞。

收灾已了，收煞已完。

祭祀"女的青裙、男的地域、古代氏族祖先"。

要来敬送"女的青裙、男的地域、古代氏族祖先"。

吹气齐皆来喝，吹味齐皆来吃。

吹气喝在口中，吹味吃在嘴内。

神韵——

服约欧散这酒，

Fub yod out sant zhex jiud,

服约欧然龙弄。

Fub yod out rab longb nongb.

欧达酒豆酒江，

Out dab jiud dout jiud jiangb,

欧这酒江酒明。

Out zhex jiud jiangb jiud miuongb.

得忙汝苟你茶，

Deit mangb rux goud nit cat,

度忙汝公炯汝。

Dux mangb rux gongt jiongx rux.

龙锐长江长纵大气，

Nongb ruit changb jiangb changb zongb dab qit,

龙列长江长你达写。

Nongb liex changb jiangb changb nit dab xied.

能锐首久长到先头，

Nongb ruit soud jiud changb daox xiand toub,

龙锐长江长纵木汝。

Nongb ruit changb jiangb changb zongb mub rux.

西约腊到先头麻林，

Xit yod lab daox xiand toub mab liuongb,

笑约腊到木汝麻头。

Xiaox yod lab daox mub rux mab toub.

产豆几没出格斗标，

Cant dout jid meib chud gib doub bioud,

吧就几没喂怪柔纵。

Bax jux jid meib weib guaix roub zongb.

你茶你猛产豆，

Nit cat nit mengb cant dout,

炯汝炯猛吧就。

Jiongx rux jiongx mengb bax jux.

你气葡剖葡乜，

Nit qix pub pout pub nas,

炯气葡内葡骂。

Jiongx qix pub neid pub max.

你气窝柔斗补，

Nit qit aot roub doub bub,

炯气窝图然冬。

Jiongx qit aot tub rab dongt.

你气冬林夯公，

Nit qit dongt liuongb hangb gongt,

炯气绒善夯他。

Jiongx qit rongb shait hangb tax.

阿——酒——阿——酒——　　　　　　　　　（摇铃放笤）

Ab—jiux—ab—jiux—

　喝了二呈的酒，二献的供。
　二呈敬酒甜酒，二献甜酒供酒。
　病者好病痊愈，病人脱病安康。
　吃菜甜嘴甜在肚中，吃饭香口甜在心内。
　吃菜甜嘴得到延年，吃饭香口得到益寿。
　敬了也得延年，祭了也得加寿。
　千年没有凶兆家中，百岁没有怪异家内。
　清吉居得千年，平安坐过百岁。
　居来承根接祖，坐来添子发孙。

居来寿同古木，坐来寿同古树。

居来寿如南岭，坐来寿比南山。

神韵——

二七
送酒卡·Songx jiud kad·交剩余的酒（以吃猪为例）

【简述】

　　按照祭祀要求，向神灵敬酒之后，唯恐神灵没有饮完，必须将酒打包后送去神界的茶坊、酒店。这种做法含义有三：其一，象征供酒丰足，神灵再怎么饮用都吃不完。其二，表示主家虔诚恭敬，对于神灵没有吃完的酒，主人会一滴不剩地给神灵送去。其三，没饮用完的酒全给神灵送走了，户主还了心愿，已经不欠分毫，神灵也就死心，不再回头求供了。

巴代摇动蚩尤铃交送剩余的酒（石国鑫摄）

送猛纵浪酒·Songx mengb zongb nangb jiud·交送大桌的酒

吉约夫——

Jib yod fud—

无吉约夫——

wub jib yod fud—

达酒埋服莎苏,

Dab jiud maib fud sax sut,

酒江埋龙莎抽。

Jiud jiangb maib nongb sax chex.

能抽达盐尼盐埋浪,

Nongb chex dab yanb nib yanb maib nangb,

服数达盐尼盐埋浪。

Fud sut dab yanb nib yanb maib nangb.

盐约列拢候埋偷为苟走,

Yanb yod lieb liongb hex maib tet web ged zout,

抽约列拢候埋偷为苟送。

Chex yod lieb liongb hex maib tet web ged songx.

列走扛埋几齐,

Lieb zout gangb maib jid qit,

列送扛埋几久。

Lieb songx gangb maib jid jub.

列走几久吉够,

Lieb zout jid jub jib goub,

列送几卡吉八。

Lieb songx jid kuat jib bax.

冬豆达起你茶,

Dongt dout dab kid nit cat,

冬腊达起炯汝。

Dongt lab dab kid jiongx rux.

打龙几久、

Dat nongb jid jub、

喂斗得寿列拢偷为苟走，

Weib doub deib shet lieb tet web ged zout,

打服几娘、

Dat fub jid niangb、

剖弄告得列拢偷浓苟送。

Bout niongx gaot deib lieb liongb tet niuongx ged songx.

葵汝埋列候走，

Kuib rux maib lieb hex zout,

录汝埋列候送。

Nub rux maib lieb hex songx.

送斗不猛竹豆，

Songx doub bub mengb zhub dout,

穷炯不闹康内。

Qiongx jiongx bub laox kangd neib.

吉约夫——

Jib yod fud—

无吉约夫——

Wub jib yod fud—

神韵——   （复）

供酒你们喝醉，甜酒你们吃饱。

吃饱若剩是剩你们的，喝醉若余是余你们的。

剩的要来打包交给你们，余的要来打扫送给你们。

要交你们送完，要送你们送了。

要交送完送了，要送送了送尽。

凡间才得清吉，凡尘才得平安。

若吃不了，吾本弟子要来打包来交。

若喝不完，我这师郎要来打包来送。

祖师你们帮交，宗师你们帮送。

糠香背去老堂，蜡烟载去老殿。

神韵——   （复）

得寿拢单列充棍空，

Deib shet liongb dand lieb congd gunt kongt，

弄得拢送列然棍得。   （祖师诀）

Nongx deib liongb songx lieb rab gunt deit.

棍空斗你纵寿吉标，

Gunt kongt doub nit zongb shet jib bioud，

弄得斗炯秋得记竹。

Nongx deib doub jiongx quix deib jid zhub.

列苟送斗猛充，

Lieb ged songx doub mengb congd，

列共穷炯猛然。   （香碗诀）

Lieb gongt qiongx jiongx mengb rab.

几长窝汝意记送斗，

Jid changb aot rux yib jib songx doub，

几长然鸟葵汝产鹅棍空。

Jid changb rab niaob kuib rux cant eb gunt kongt.

几长窝汝以打穷炯，

Jid changb aot rux yt dat qiongx jiongb，

几长弄奈录汝吧图棍得。

Jid changb nongx naix lub rux bax tub gunt deit.

窝汝意记松斗，

Aot rux yix jid songx doub，

柔汝依打穷炯。   （香碗诀）

Roub rux yit dat qiongx jiongb.

产棍几没然鸟，

Chanx gunt jid meib ranb niaob，

吧母几没弄奈。

Bab mud jid meib nongd naix.

列拢然鸟——   （各宫口的祖师诀）

Leib liongb rad niaob

然鸟太棍共米、

Rab niaob tait gunt gongx mit、

公加、首关、四贵，　　　　　（巳官、辰官、酉官、寅官诀）

Gongd jiad、shoud guand、six giux，

太棍米章、巴高、国峰、明鸿，　（午官、戌官、巳官、卯官诀）

Taix gunt mit zhuangd、bad gaod、guob fengd、mingb hongx，

太棍仕贵、后保，　　　　　　　（巳官、申官诀）

Tait gunt shid giux、houx baod，

苟太光珍、勇贤、　　　　　　　（申官、戌官诀）

Goud taix guangd zhengd、yongd xianb、

光三、老七、跃恩，　　　　　　（卯官、巳官、申官诀）

Guangd sand、laod qib、yiex engd，

苟太席乙、江远、林花、老苟、　（未官、卯官、子官、午官诀）

Goud taib xib yix、jiangd yand、linb huad、laod goud、

共四、老弄，　　　　　　　　　（辰官、寅官诀）

Gongx six、laod nongt，

千由、天才、炯容、同兰，　　　（丑官、巳官、酉官、亥官诀）

Qiand youb、tianb caib、jiongx rongb、tongb lan，

苟太强贵、龙贵、　　　　　　　（亥官、丑官诀）

Goud taib qiangb giux、longb giux、

光合、冬顺、得水，　　　　　　（卯官、申官、未官诀）

Guangd hob、dongd shunx、deib shiut，

苟剖双全，苟剖长先，　　　　　（未官、午官诀）

Goud bout shuangd quanb, goud bout changb xiand，

苟打二哥、那那……　　　　　　（酉官、辰官诀）

Goud dad erx ged、nat nat...

补谷阿柔告寿，

But guot ad roub gaot shout，

补谷欧柔告德。

But guob out roub gaot deit.

补产葵忙告见，

But chanx kiub mangb gaot jianb，

补吧录忙送嘎。

But bad lub mangb songx giax.

抓葡几最吉走，

Zhuad pux jid ziub jib zoub,

寿葡吉走吉板。

Shoux pux jid zoub jib banb.

浪喂声然照修打便郎得，

Nangb weib shongt rad zhaob xiud dat biat liangd deib,

照闹打绒郎秋。

Zhaob laox dad rongb liangb quid.

照修纵寿吉标，

Zhaob xiut zongb shoux jib bioud,

照闹秋得记竹。 　　　　　　　　　　　　（降神诀）

Zhaob laox quid deib jid zhub.

照修补谷补涌提仲，

Zhaob xiud but guob but yongd tib zongb,

照闹补谷补肥图岭。 　　　　　　　　　（下降布条诀）

Zhaob laox but guob but fenb tub liuongb.

照修达香，照闹达穷。

Zhaob xiut dab xiangd, zhaob laox dab qiongx.

就——

Jiux—

补热声棍，

But reb shongt gunt,

拢单纵寿吉标。 　　　　　　　　　　　（坐坛诀）

Liongb dand zongb shoux jib bioud.

补然弄猛，

But rad nongd mengb,

拢送吉秋照拿。 　　　　　　　　　　　（坐殿诀）

Liongb songx jib quix zhaob nab.

拢单你瓦意记送斗，

Liongb dand nit wab yit jid songx doub,

炯龙以打穷炯。 　　　　　　　　　　　（香炉诀）

Jiongx longb yit dat qiongx jiongx.

你瓦喂斗得寿，

Nit wab weib doub deib shoux,

炯龙剖弄告得。 （绕祖诀）

Jiongx longb boub nongd gaod deib.

几达然鸟埋列嘎修，

Jid dab rad niaox maib leib giad xiut,

吉炯达奈埋列嘎闹。

Jib jiongx dab naix maib leib giad laox.

弟子来了要请宗师，师郎到了要请祖师。

宗师坐在家中祖坛，祖师坐在家内祖殿。

要烧宝香去请，要用香烟去迎。

虔诚焚烧纸团宝香，虔诚奉请弟子的千位祖师。

虔诚烧起蜂蜡宝烟，虔诚奉迎师郎的百位宗师。

焚烧蜂蜡糠火，纸团宝香。

千神没有来请，百祖没有来迎。

要来奉请——

奉请祖太共米、共甲、仕官、四贵，

祖太明章、巴高、国峰、明鸿，

祖太仕贵、后宝，

祖太永顺、永现、光朱、老七、光林，

祖太席玉、江远、林华、老苟、共四、老弄，

千有、千财、进荣、腾兰，

祖太强贵、龙贵、光合、冬顺、得水。

叔公双全，祖公长先，

外祖二哥、大大……

三十一代祖师，三十二代弟子。

三千祖师交钱，查名皆齐皆遍。

三百度纸宗师，点字皆遍皆全。

闻我奉请暂离上天大堂，听我奉迎暂别天宫大殿。

暂离家中祖坛，暂别家内师殿。

暂离三十三块布条，暂别三十三块布幔。

离别香炉，暂别香碗。

神韵——

三咏神腔，来到信士祭祖场中。

三吟神韵，来临户主敬神堂内。

来到安享纸团宝香，来临安受蜂蜡糠烟。

拥护吾本弟子，守护我这师郎。

同日有请你们莫起，同时有奉你们莫去。

内没见恩头果，

Neib meib jianb engb tel guot,

见抗头浪。

Jianb kangx tel nangb.

几窝尼头尼抗，

Jid aot nib tel nib kangx,

窝拢尼见尼嘎。

Aot liongb nib jianb nib giax.

到见苟猛几白，

Daox jianb goud mengb jid baib,

到嘎苟猛吉炯。

Daox giax goud mengb jib jiongb.

修照埋浪热洞热恩，

Xiut zhaob maib nangb reb dongb reb engb,

见照埋浪热光热量。

Jianb zhaob maib nangb reb guangd reb liangx.

埋列拢斗得寿告见，

Maib leib liongb dout deib shoux gaod jianb,

莎列拢弄告得送嘎。

Sax leib liongb nongt gaod deib songx giax.

斗抓埋你，

Doub zhuab maib nit,

斗尼埋炯。

Doub nit maib jiongx.

告见扛单，

Gaod jianb gangb dand,

送嘎扛送。

Songx giax gangb songx.

列休喂斗得寿，

Leib xiut weib doub deib shout，

归先归得。

Giud xiand giud deib.

候然剖弄告得，

Houx rad boub nongd gaod deib，

归木归嘎。 （莲华诀）

Giud mub giud giad.

休照阿谷欧奶酷绒麻冬几图，

Xiud zhaob ad guob out leit kud rongb mab dongt jid tub，

然照阿谷欧奶酷便麻汝吉浪。 （藏身诀）

Yad zhaob ad guob out leit kud biat mab rux jid nangb.

主人有钱纸冥币，纸帛冥钱。

不烧是纸是帛，烧了是钱是财。

得财拿去共分，得钱拿去共用。

收在金仓银仓，入在金库银库。

你们要和弟子交钱，都要与吾师郎度纸。[①]

拥在左边，护在右旁。

交钱得到，度纸得达。

收起弟子的，正魂本命，藏起邪师的，三魂七魄。

收在一十二个深洞之中，藏在一十二个好洞之内。

注：①交钱、度纸——宗教术语，主持祭祀仪式的意思。下面的"交钱得到，度纸得达"指敬送祖神的这些供品要如数交到祖神的手中，意为要帮主家达到敬神之目的。

然鸟便告斗补，

Rab niaob biat gaox doub bub，

照告然冬，

Zhaox gaob rab dongt，

棍缪棍昂，

Gunt mioub gunt angb，

得寿产俄棍空，

Deib shet cant eb gunt kongt，

录汝吧图棍得。

Nub rux bax tub gunt deit.

补产葵莽告见，

But cant kuib mangb gaot jianb，

抓葡几最吉走，

Zhub bux jid zuib jib zoud，

拢单几途。

Liongb dand jid tub.

补吧傩忙送嘎，

But bax niub mangb songx giax，

寿葡吉走吉板，

Shex bux jib zoub jib banb，

拢送窝羊。

Liongb songx aob yangb.

吉约夫——无吉约夫。　　　　　　　　　　　　　（祖师诀）

Jib yod fud—wub jib yod fud.

列够走酒浪萨，

Lieb geb zout jiud nangb sad，

列扑送酒浪度。

Lieb pub songx jiud nangb dux.

列理走酒浪公，

Lieb lid zout jiud nangb gongt，

列岔送酒浪几。

Lieb chax songx jiud nangb jid.

走酒浪萨列够然休，

Zout jiud nangb sad lieb geb rab xut，

送酒浪度列扑见得。

Songx jiud nangb dux lieb pud jianb deib.

吉约夫——无吉约夫。

Jib yod fud—wub jib yod fud.

神韵——

　　奉请五方土地，六路龙神，鱼神肉神，

　　弟子的千位宗师，师郎的百位祖师。

　　三千交钱祖师，查名也都查完，来到这里。

　　三百度纸宗师，点字也都点到，来临此间。

　　神韵——

　　要唱交酒的歌，要讲送酒的话。

　　要理交酒的根，要寻送酒的基。

　　交酒的歌要唱藏身，送酒的话要说保命。

　　神韵——

喂斗得寿，

Weib doub deib shet，

阿散修单告豆，

Ad sant xiut dand gaob dout，

呕散补散修单告豆。

Out sant but sant xiut dand gaob dout.

剖弄告得，

Bout niongx gaot deib，

阿虐修送比兵，

Ad niub xiut songx bid biougb，

呕虐补虐修送比兵。

Out niub but niub bid biougb.

修单告豆，

Xiut dand gaob dout，

列拢候内走酒。

Lieb liongb gex neib zout jiud.

修送比兵，

Xiut songx bid biongb，

列拢候能送列。

Lieb liongb hex nongb songx liex.

葵汝埋列照娄照追，

Kuib rux maib lieb zhaob neb zhaob zhuix，

傩汝埋列照抓照尼。

Niub rux maib lieb zhaob zhuab zhaob nib.

达尼剖走几单，

Dab nib bout zout jiad dand,

葵汝产娥棍空、

Kuib rux cant eb gunt kongt、

吉候剖走扛单。

Jib hex bout zout gangb dand.

达尼喂送几送，

Dab nib weib songx jid songx,

傩汝吧图棍得，

Niub rux bax tux gunt deib,

吉候喂送扛送。

Jib hex weib songx gangb songx.

剖走几扛几北纠录乙苟，

Bout zout jid gangb jid beib jiub lub yib goud,

喂送几扛热然谷叉图公。

Weib songx jid gangb reib rab guob chad tux gongt.

剖走列扛莎单，

Bout zout lieb gangb sax dand,

喂送列扛莎送。

Weib songx lieb gangb sax songx.

吾本弟子，一番站到供桌之边，
二番三番站到供桌之边。
我这师郎，一次站到供案之旁，
二次三次站到供案之旁。
站到供桌之边，要来打包余供去交。
站到供案之旁，要来打扫余供去送。
祖师你们随前随后，宗师你们随左随右。
若是吾交不到，弟子的千位祖师助交送到。
若是我送不达，师郎的百位宗师帮我送达。
吾交不让分散九条路途，我送不让漏落十岔路尾。

吾交就要交到，我送就要送达。

葵汝吉候修拢竹冬，
Kuib rux jib hex xiut liongb zhub dongt,
苟扛纠录苟达。 （挡板诀）
Ged gangb jiub lub goud dab.
傩汝吉候共拢竹纵，
Niub rux jib hex giuongl liongb zhub zongx,
苟洽谷图苟松。 （塞漏诀）
Goud qiax guob tux goud songt.
竹冬扛娘关关，
Zhub dongt gangb niangb guand guanb,
竹纵洽娘埋慢。 （封口诀）
Zhub zongx qiat niangb maib manb.
扛约阿谷呕苟苟白苟热， （封锁诀）
Gangb yod ad guob out goud goud beib goud reib,
洽约阿谷呕图苟洽苟松。 （祖师诀）
Qiat yod ad guob out tux goud qiat goud songd.
扛约葵汝埋腊候勾，
Gangb yod kuib rux maib lab hex ged,
洽板录汝埋腊候共。
Qiat banb lub rux maib lab hex giuongl.
葵汝苟最苟走，
Kuib rux ged zuib ged zout,
傩汝苟走苟板。
Niub rux ged zed ged banb.

祖师帮忙竖起门板，来挡九条路头。
宗师帮助竖起门扇，来挡十条路道。
门板挡得严严，门扇挡得实实。
堵了一十二路路落路漏，塞了一十三路路漏路散。[①]
堵了祖师你们帮拿，塞了宗师你们帮抬。
祖师们都抬了，本师们都拿完。

注：堵了一十二路路落路漏，塞了一十三路路漏路散——怕在敬神过程中漏落各种供品供具。

喂斗得寿，

Weib doub deib shet，

阿散斗抓冲到候洞候恩，

Ad sant doub zhuab chongx daox het dongb het engb，

呕散补散，

Out sant but sant，

斗抓冲到候洞候恩。

Doub zhuab chongx daox het dongb het engb.

剖弄告得，

Bout nongx gaot deib，

阿虐斗尼冲到候光候量，

Ad niub doub nib chongx daox het guangd het liab，

呕虐补虐，

Out niub but niub，

斗尼冲到候光候量。

Doub nib chongx daox het guangd het liab.

要先几没苟拢、

Yaox xiand jid meib ged liongb、

偷为内浪归先归得，

Tet wes neib nangb guid xiand guid deib，

要木几没苟拢、

Yaox mub jid meib ged liongb、

偷为内浪归木归嘎。

Tet wes neib nangb guid mub guid giad.

内浪先头占嘎虫兰，

Neib nangb xiand toub zhuanb giad chongb lan，

木汝奈拿虫兄。

Mub rux naix nab chongb xiongd.

候洞候恩，

Het dongb het engb，

列拢偷为纠散这酒，

Lieb liongb tet wes jiongb sant zhex jiud，

候光候量，

Het guangd het liab，

列拢偷为纠然龙弄。

Lieb liongb tet wes jiongb rab longb nongb.

纠达酒豆酒江，

Jiongb dab jiud dout jiud jiangb，

纠这酒江酒明。

Jiongb zhex jiud jiangb jiud miuongb.

纠达公兄，

Jiux dab gongb xiongb，

纠这糯然。

Jiux zheb nub rangx。

昂斩几锐公色，

Ghax zhad jid ruib gongb ses，

共色糯然。

Gongb ses nub rab。

阿散偷为照够几北告豆、

Ad sant tet wes zhaob gout jid beib gaob dout、

呕散补散偷为、

Out sant but sant tet wes、

照够几北告豆、

Zhaob gout jid beib gaob dout、

几崩照弄提中、

Jid bengb zhaob nongx tib zhongb、

几卡列苟猛走。

Jid kax lieb ged mengt zout.

阿虐偷为照弄吉走比兵、

Ad niub tet wes zhaob nongd jib zed bid biongb、

呕虐补虐偷为、

Out niub but niub tet wes、

照弄吉走比兵、

Zhaob niongx jib zed bid biongb、

吉特照弄图岭,

Jib teix zhaob niongx tub liuongt,

吉累列苟猛送。

Jib leix lieb ged mengb songx.

葵汝埋列候走,

Kuib rux maib lieb hex zout,

录汝埋腊候送。

Lub rux maib lab hex songx.

送斗不猛竹豆,

Songx doub bub mengb zhub dout,

穷炯不闹康内。

Qiongx jiongx bub laox kangd neib.

吉约夫——无吉约夫——

Jib yod fud—wub jib yod fud—

吾本弟子,一番左手拿得铜瓢银瓢,
二番三番左手拿得铜瓢银瓢。
我这师郎,一次右手拿得金瓢铁瓢,
二次三次右手拿得金瓢铁瓢。①
少力不是来舀、信士的长寿生气,
少气不是来舀、户主的子孙洪福。
铜瓢银瓢,要来舀这九呈供酒。
金瓢铁瓢,要来舀这九献供酒。
九呈香酒甜酒,九献甜酒蜜酒。
九碗热粑,九盘糯供。
下酒的熟肉,热粑糯供。
一番打包在起供桌之中、
二番三番打包在起供桌之中、
包在送酒布中,全部都要去交。
一次打包在起供案之上、
二次三次打包在起供案之上、
包在送肉帛内,全部都要去送。

祖师你们帮交，宗师你们帮送。

糠香背去老堂，蜡烟载去老殿。

神韵——

注：①铜瓢银瓢、金瓢银瓢——这里是指把铜铃化作瓢来舀供酒去交送的意思。

喂斗得寿，

Weib doub deib shet，

阿散修单告豆，

Ad sant xiut dand gaob dout，

呕散补散修单告豆。

Out sant but sant xiut dand gaob dout.

剖弄告得，

Bout niongx gaot deib，

阿虐修送比兵，

Ad niub xiut songx bid biongb，

呕虐补虐修送比兵。

Out niub but niub bid biongb.

修单告豆，

Xiut dand gaob dout，

列拢候内走酒。

Lieb liongb gex neib zout jiud.

修送比兵，

Xiut songx bid biongb，

列拢候能送列。

Lieb liongb hex nongb songx liex.

葵汝埋列照娄照追，

Kuib rux maib lieb zhaob neb zhaob zhuix，

傩汝埋列照抓照尼。

Niub rux maib lieb zhaob zhuab zhaob nib.

达尼剖走几单，

Dab nib bout zout jiad dand，

葵汝产娥棍空，

Kuib rux cant eb gunt kongt，

吉候剖走扛单。

Jib hex bout zout gangb dand.

达尼喂送几送，

Dab nib weib songx jid songx，

傩汝吧图棍得，

Niub rux bax tux gunt deib，

吉候喂送扛送。

Jib hex weib songx gangb songx.

剖走几扛几北纠录乙苟，

Bout zout jid gangb jid beib jiub lub yib goud，

喂送几扛热然谷叉图公。

Weib songx jid gangb reib rab guob chad tux gongt.

剖走列扛莎单，

Bout zout lieb gangb sax dand，

喂送列扛莎送。

Weib songx lieb gangb sax songx.

吾本弟子，一番站到供桌之边，
二番三番站到供桌之边。
我这师郎，一次站到供案之旁，
二次三次站到供案之旁。
站到供桌之边，要来打包余供去交。
站到供案之旁，要来打扫余供去送。
祖师你们随前随后，宗师你们随左随右。
若是吾交不到，弟子的千位祖师助交送到。
若是我送不达，师郎的百位宗师帮我送达。
吾交不让分散九条路途，我送不让漏落十岔路尾。
吾交就要交到，我送就要送达。

葵汝吉候修拢竹冬，

Kuib rux jib hex xiut liongb zhub dongt，

苟扛纠录苟达。

Ged gangb jiub lub goud dab.

傩汝吉候共拢竹纵，

Niub rux jib hex giuongl liongb zhub zongx,

苟洽谷图苟松。

Goud qiax guob tux goud songt.

竹冬扛娘关关，

Zhub dongt gangb niangb guand guanb,

竹纵洽娘埋慢。

Zhub zongx qiat niangb maib manb.

扛约阿谷呕苟苟白苟热，

Gangb yod ad guob out goud goud beib goud reib,

洽约阿谷呕图苟洽苟松。

Qiat yod ad guob out tux goud qiat goud songd.

扛约葵汝埋腊候勾，

Gangb yod kuib rux maib lab hex ged,

洽板录汝埋腊候共。

Qiat banb lub rux maib lab hex giuongl.

葵汝苟最苟走，

Kuib rux ged zuib ged zout,

傩汝苟走苟板。

Niub rux ged zed ged banb.

祖师帮忙竖起门板，来挡九条路头。

宗师帮助竖起门扇，来挡十条路道。

门板挡得严严，门扇挡得实实。

堵了一十二路路落路漏，塞了一十三路路漏路散。

堵了祖师你们帮拿，塞了宗师你们帮抬。

祖师们都抬了，本师们都拿完。

喂斗得寿，

Weib doub deib shet,

阿散斗抓冲到岭周岭节，

Ad sant doub zhuab chongx daox liuongt zhoub liuongt jieb,

呕散补散,

Out sant but sant,

斗抓冲到岭周岭节。

Doub zhuab chongx daox liuongt zhoub liuongt jieb.

剖弄告得,

Bout nongx gaot deib,

阿虐斗尼冲到岭尖岭抓,

Ad niub doub nit chongx daox liuongt jiand liuongt zhuab,

呕虐补虐、

Out niub but niub、

斗尼冲到岭尖岭抓、

Doub nib chongx daox liongt jiand liuongt zhuab、

要先几没苟拢吾然、

Yaox xiand jid meib ged liongb wut rab、

内浪归先归得,

Neib nangb guid xiand guid deib,

要不几没苟拢吾绕,

Yaox bub jid meib ged liongb wut raob,

内浪归木归嘎。

Neib nangb guid mub guid giad.

内浪先头占嘎虫兰,

Neib nangb xiand toub zhuanb goax chongb lan,

木汝奈拿虫兄。

Mub rux naix nab chongb xiongd.

列拢吾然纠散这酒,

Lieb liongb wut rab jiongb sant zhex jiud,

纠然龙弄。

Jiongb rab longb nongb.

纠达酒豆酒江,

Jiongb dab jiud dout jiud jiangb,

纠这酒江酒明。

Jiongb zhex jiud jiangb jiud miuongb.

纠达公兄,

Jiux dab gongb xiongb,

纠这糯然。

Jiux zheb nub rangx。

昂斩几锐公色,

Ghax zhad jid ruib gongb ses,

共色糯然。

Gongb ses nub rab.

阿散呕散补散、

Ad sant out sant but sant、

吾然照够几北告豆、

Wut rab zhaob gout jid beib gaob dout、

几崩照弄提中、

Jid bengb zhaob nongd tib zhongd、

几卡列苟猛走,

Jid kax lieb ged mengb zout,

阿虐呕虐补虐。

Ad niub out niub but niub.

吾绕照弄吉走比兵、

Wut raob zhaob nongd jib zed aot feib zhub gongx、

吉特照弄图岭、

Jib teix zhaob nongd tux liuongt、

吉累列苟猛送。

Jib leid lieb ged mengb songx.

葵汝召篓冲拔苟走,

Kuib rux zhaob neb chongx bab ged zout,

录汝照追冲泻候送。

Lub rux zhaob zhuix chongx xied hex songx.

送斗不猛竹豆,

Songx doub bub mengb zhub dout,

穷炯不闹康内。

Qiongx jiongx bub laox kangd neib.

吉约夫——无吉约夫——

Jib yod fud—wub jib yod fud—

吾本弟子，一番左手拿得送酒圣布，
二番三番左手拿得送酒圣布。
我这师郎，一次右手拿得布帛布条，
二次三次右手拿得布帛布条。
少力不包信士的长寿生气，
少气不装户主的子孙洪福。
要来包这九呈供酒，九献敬酒。
九呈香酒甜酒，九献甜酒蜜酒。
九碗热粑，九盘糯供。
下酒的熟肉，热粑糯供。
一番二番三番打包在起供桌之上、
包在送酒布中，全部都要去交。
一次二次三次打包在起供案之上、
包在送肉帛内，全部都要去送。
祖师帮交，宗师帮送。
糠香背去老堂，蜡烟载去老殿。
神韵——

葵汝吉候修拢竹冬，
Kuib rux jib hex xiut liongb zhub dongt,
苟扛纠录苟达。 （挡板诀）
Ged gangb jiub lub goud dab.
傩汝吉候共拢竹纵，
Niub rux jib hex giuongl liongb zhub zongx,
苟洽谷图苟松。 （塞漏诀）
Goud qiax guob tux goud songt.
竹冬扛娘关关，
Zhub dongt gangb niangb guand guanb,
竹纵洽娘埋慢。 （封口诀）
Zhub zongx qiat niangb maib manb.
扛约阿谷呕苟苟白苟热， （封锁诀）

Gangb yod ad guob out goud goud beib goud reib,

洽约阿谷呕图苟洽苟松。 （祖师诀）

Qiat yod ad guob out tux goud qiat goud songd.

扛约葵汝埋腊候勾，

Gangb yod kuib rux maib lab hex ged,

洽板录汝埋腊候共。

Qiat banb lub rux maib lab hex giuongl.

葵汝苟最苟走，

Kuib rux ged zuib ged zout,

傩汝苟走苟板。

Niub rux ged zed ged banb.

吉约夫——无吉约夫——

Jib yod fud—wub jib yod fud—

祖师帮忙竖起门板，来挡九条路头。

宗师帮助竖起门扇，来挡十条路道。

门板挡得严严，门扇挡得实实。

堵了一十二路路落路漏，塞了一十三路路漏路散。

堵了祖师你们帮拿，塞了宗师你们帮抬。

祖师们都抬了，本师们都拿完。

神韵——

阿热声棍，

Ad reib shongt gunt,

走单几纵棍谬。

Zout dand jid zongb gunt mioub.

阿然弄猛，

Ad rab nongx mengx,

送送吉秋棍昂。

Songx songx jib quix gunt angb.

棍缪照篓冲拔候走，

Gunt mioub zhaob neb chongx bab hex zout,

棍昂照追冲泻候送。

Gunt angb zhaob zhuix chongx xied hex songx.

葵汝候走，

Kuib rux hex zout,

录汝候送。

Lub rux hex songx.

吉约夫——无吉约夫——

Jib yod fud—wub jib yod fud—

呕热声棍，

Out reib shongt gunt,

走单以留西向。

Zout dandy id liub xid xiangt.

呕然弄猛，

Out rab nongx mengx,

送送意苟格补。

Songx songx yib geb gib bub.

向剖向娘照篓冲拔苟走，

Xiangt pout xiangt niangb zhaob neb chongx bab ged zout,

向内向玛照追冲泻候送。

Xiangt neid xiangt max zhaob zhuix chongx xied hex songx.

葵汝候走，

Kuib rux hex zout,

录汝候送。

Lub rux hex songx.

吉约夫——无吉约夫——

Jib yod fud—wub jib yod fud—

补热声棍，

But reib shongt gunt,

走单拔浪竹岭萨够斗标。

Zout dand bab nangb zhub liuongt sax gout doub bioud.

补然弄猛，

But rab nongx mengb,

送送浓浪竹共萨肥柔纵。

Songx songx niuongx nangb zhub gongx sax feib roub zongb.

走单埋浪几得穷酒，

Zout dand maib nangb jid deib qiongx jiud,

送送埋浪吉秋穷列。

Songx songx maib nangb jib quix qiongb liex.

酒见卡风卡龙，

Jiud jianb kax fengt kax nongb,

昂见卡打卡特。

Angb jianb kax dab kax teix.

太拔斗标太虫，

Tat bab doub bioud tait chongx,

太泻柔纵泻拿。

Tait xiex roub zongb xiex nab.

再斗提中列占几初，

Zaix doub tib zhongb lieb zhuanb jid chut,

再斗图岭列占吉仰。

Zaix doub tux liuongt lieb zhuanb jib yangd.

阿瓦占照产谷产瓦，

Ad wab zhuanb zhaob cant guob cant wab,

阿虐奈照吧谷吧虐。

Ad niub naix zhaob bax guob bax niub.

汝内几扛拢林，

Rux neib jid gangb liongb liuongb,

达龙几扛拢窝。

Dab longb jid gangb liongb aox.

柔猛腊柔提中，

Roub mengb lab roub tib zhongb,

几柔内浪达酒你娘产豆。

Jid roub neib nangb dab jiud nit niangb cant dout.

柔猛腊柔图岭，

Roub mengb lab roub tux liuongt,

几柔内浪泻昂炯娘吧就。

Jid roub neib nangb xied angb jiongx niangb bax jux.

一轮神腔，上达鱼神堂中。

一番神韵，上到肉神堂内。

鱼神你们在前拿盘去交，肉神你们在后拿包去送。

祖师拿齐拿全，宗师拿全拿遍。

腔韵——

二轮神腔，上达先祖堂中。

二番神韵，上到先宗堂内。

祖公祖婆在前拿盘帮交，祖母祖父在后拿包帮送。

祖师拿齐拿全，宗师拿全拿遍。

腔韵——

三轮神腔，上达最古女祖的住屋老堂。

三番神韵，上到最老男宗的坐宅老殿。

交到你们的酒店，送到你们的肉堂。

酒成风气雨气，肉成火气焰气。

摆盘摆得平稳，摆筛摆得平正。

还有布条来缠来绕，再有布帛来包来系。

一番绕来抵得千百千绕，一圈缠来抵得百十百缠。

好天不送来晒，恶雨不送来淋。

散去也散布帛，不散祖神的供酒坐得千年。

散去也散布条，不散祖神的供肉坐得百岁。

喂列吧奈便告斗补，

Weib lieb bax naix biat gaox doub bub,

照告然冬，

Zhaox gaox rab dongt,

棍缪棍昂，

Gunt mioub gunt angb,

得寿产俄棍空，

Deib shet cant eb gunt kongt,

录汝吧图棍得。

Lub rux bax tub gunt deit.

浪喂声然几最布告松斗，

Nangb weib shongt rab jid zuib biongb gaob songx doub,

浪剖弄奈吉麻布龙穷炯。

Nangb bout nongx naix jib mab biongb liongb qiongx jiongb.

得寿巴为归先归得，

Deit shet bad weib guit xiand guit deib,

弄得巴牙归木归嘎。

Nongx deit bad yab guit xiand guit giad.

吉约夫——无吉约夫——

Jib yod fud—wub jib yod fud—

阿热声棍，

Ad reib shongt gunt,

列闹长猛冬豆。

Lieb laox changb mengb dongt dout.

阿然弄猛，

Ad rab nongx mengb,

列闹长猛冬腊。

Lieb laox changb mengb dongt lab.

剖埋莎腊长猛冬豆，

Bout maib sax lab changb mengb dongt dout,

见见莎列长闹冬腊。

Jianx jianx sax lieb changb laox dongt lab.

久扛够嘎够洽，

Jut gangb goub giab gout qiad,

久扛够内够总。

Jut gangb goub neib goud zongb.

大戏不汝先头麻你冬豆，

Dat xit bub rux xiand toub mab nit dongt dout,

剖埋首虫木汝麻炯冬腊。

Bout maib soud chongx mub rux mab jiongx dongt lab.

布告松斗长拢，

Biongb gaob songt dout changb liongb,

油拢穷炯长闹。

Youb liongb qiongx jiongb changb laox.

吉约夫——无吉约夫——

Jib yod fud—wub jib yod fud—

欧热声棍，

Out reib shongt gunt，

长单依流西向。

Changb dand yid liub xid xiangt.

欧然弄猛，

Out rab nongx mengb，

长送意苟格补。

Chagb songx yib geb gib bub.

剖埋莎腊长猛冬豆，

Bout maib sax lab changb mengb dongt dout，

见见莎列长闹冬腊。

Jianx jianx sax lieb changb laox dongt lab.

久扛够嘎够洽，

Jut gangb goub giab gout qiad，

久扛够内够总。

Jut gangb goub neib goud zongb.

大戏不汝先头麻你冬豆，

Dat xit bub rux xiand toub mab nit dongt dout，

剖埋首虫木汝麻炯冬腊。

Bout maib soud chongx mub rux mab jiongx dongt lab.

布告松斗长拢，

Biongb gaob songt dout changb liongb，

油拢穷炯长闹。

Youb liongb qiongx jiongb changb laox.

吉约夫——无吉约夫——

Jib yod fud—wub jib yod fud—

补热声棍，

But reib shongt gunt，

长单几纵棍缪。

Changb dand jid zongb gunt mioub.

补然弄猛，

But rab nongx mengb，

长送吉秋棍昂。

Changb songx jib quix gunt angb.

补热声棍，

But reib shongt gunt,

纵豆拢久。

Zongb dout liongb jub.

补然弄猛，

But rab nongx mengb,

纵腊拢半。

Zongb lab liongb banb.

喂猛喂豆，

Weib mengb weib dout,

喂长喂单。

Weib changb weib dand.

纵豆归先归得喂不白久，

Zongb dout guit xiand guit deit weib bub beid jiud,

纵腊归木归嘎，

Zongb lab guit mub guit giad,

喂先喂研喂不白得。

Weib xiand weib yanb weib bub beid deib.

吉约夫——无吉约夫——

Jib yod fud—wub jib yod fud—

我要奉请五方土地，

六面龙神，鱼神肉神，

弟子的千位祖师，尊贵的百位宗师。

听我声请齐齐驾赴糠香，闻我声奉齐聚驾赴蜡烟。

弟子紧收生气儿气，师郎藏好长寿洪福。

神韵——

一番神腔，我们要转凡尘。

一次神韵，我们要回凡间。

我们都要回转凡尘，大家都要回去凡间。

不能失魂落魄，不准损魂伤命。

大家带汝长命富贵，我们收紧衣禄洪福。

驾赴糠香回转，驾赴蜡烟回来。

神韵——

二次神腔，回到先祖大堂。

二番神韵，转到先人大殿。

我们都要回转凡尘，大家都要回去凡间。

不能失魂落魄，不准损魂伤命。

大家带汝长命富贵，我们收紧衣禄洪福。

驾赴糠香回转，驾赴蜡烟回来。

神韵——

三次神腔，回到鱼神堂中。

三番神韵，转到肉神堂内。

三次神腔，回到凡间。

三番神韵，转到凡尘。

我去我达，我回我转。

回阳长寿生气我负满体，

临凡儿孙洪福我收我藏，我带满身。

神韵——

巴代向祖神交送剩余的酒（石国鑫摄）

送得纵浪酒·Aob deib zongb nangb jiud·交送小桌的酒

吉约夫——无吉约夫——
Jib yod fud—wub jib yod fud—
达酒埋服莎苏，
Dab jiud maib fud sax sut,
酒江埋龙莎抽。
Jiud jiangb maib nongb sax chex.
能抽达盐尼盐埋浪，
Nongb chex dab yanb nib yanb maib nangb,
服数达盐尼盐埋浪。
Fud sut dab yanb nib yanb maib nangb.
盐约列候埋走，
Yanb yod lieb hex maib zout,
羊列走扛埋几齐，
Yangd lieb zout gangb maib jid qit,
约列候埋送。
Yod lieb hex maib songx.
列走扛埋几齐，
Lieb zout gangb maib jid qit,
列送扛埋几久。
Lieb songx gangb maib jid jub.
几久吉够，
Jid jub jib goub,
几卡吉八。
Jid kuat jib bax.
冬豆达起你茶，
Dongt dout dab kid nit cat,
冬腊达起炯汝。

Dongt lab dab kid jiongx rux.

打龙几久，

Dat nongb jid jub，

喂斗得寿列拢偷为苟走。

Weib doub deib shet lieb liongb tet web ged zout.

打服几娘，

Dat fub jid niangb，

剖弄告得列拢偷浓苟送。

Bout niongx gaot deib lieb liongb tet niuongx ged songx.

葵汝埋列候走，

Kuib rux maib lieb hex zout，

录汝埋列候送。

Nub rux maib lieb hex songx.

送斗不猛竹豆，

Songx doub bub mengb zhub dout，

穷炯不闹康内。

Qiongx jiongx bub laox kangd neib.

吉约夫——无吉约夫——

Jib yod fud—wub jib yod fud—

　　神韵——
　　你们喝醉，你们吃饱。
　　吃饱若剩是剩你们的，喝醉若余是余你们的。
　　剩的要交给你们，余的要送给你们。
　　要交你们送完，要送你们送了。
　　送完送了，送了送尽。
　　凡间才得清吉，凡尘才得平安。
　　若吃不了，吾本弟子要来打包来交。
　　若喝不完，我这师郎要来打包来送。
　　祖师帮交，宗师帮送。
　　糠香背去老堂，蜡烟载去老殿。
　　神韵——

窝汝意记松斗，

Aot rux yid jib songx doub,

柔汝依打穷炯。 （香碗诀）

Roub rux yit dat qiongx jiongb.

产棍几没然鸟，

Cant gut jid meib rab niaob,

吧母几没弄奈。

Bax mud jid jid meib nongx naix.

列拢然鸟便告斗补，

Lieb liongb rab niaob biat gaox doub bub,

照告然冬，

Zhaox gaox rab dongt,

棍缪棍昂，

Gunt mioub gunt angb,

得寿产俄棍空，

Deib shet cant eb gunt kongt,

录汝吧图棍得。

Lub rux bax tux gunt deit.

补产葵莽告见，

But cant kuib mangb gaot jianb,

抓葡几最吉走，

Zhub pux jid zuib jib zed,

拢单几途。

Liongb dand jid tub.

补吧傩忙送嘎，

But bax niub mangb songx giax,

寿葡吉走吉板，

Shet pux jib zed jib banb,

拢送窝羊。

Liongb songx aob yand.

列拢然鸟—— （各官口的祖师诀）

Leib liongb rad niaob—

然鸟太棍共米、

Rab niaob tait gunt gongx mit、

公加、首关、四贵，　　　　　　（巳宫、辰宫、酉宫、寅宫诀）

Gongd jiad、shoud guand、six giux，

太棍米章、巴高、国峰、明鸿，　（午宫、戌宫、巳宫、卯宫诀）

Taix gunt mit zhuangd、bad gaod、guob fengd、mingb hongx，

太棍仕贵、后保，　　　　　　　　（巳宫、申宫诀）

tait gunt shid giux、houx baod，

苟太光珍、勇贤，　　　　　　　　（申宫、戌宫诀）

Goud taix guangd zhengd、yongd xianb、

光三、老七、跃恩，　　　　　　　（卯宫、巳宫、申宫诀）

Guangd sand、laod qib、yiex engd，

苟太席乙、江远、林花、老苟、　（未宫、卯宫、子宫、午宫诀）

Goud taib Xib yix、jiangd yand、linb huad、laod goud、

共四、老弄，　　　　　　　　　　（辰宫、寅宫诀）

Gongx six、laod nongt，

千由、天才、炯容、同兰，　　　（丑宫、巳宫、酉宫、亥宫诀）

Qiand youb、tianb caib、jiongx rongb、tongb lan，

苟太强贵、龙贵，　　　　　　　　（亥宫、丑宫诀）

Goud taib qiangb giux、longb giux、

光合、冬顺、得水，　　　　　　　（卯宫、申宫、未宫诀）

Guangd hob、dongd shunx、deib shiut，

苟剖双全，苟剖长先，　　　　　　（未宫、午宫诀）

Goud bout shuangd quanb、goud bout changb xiand，

苟打二哥、那那……　　　　　　　（酉宫、辰宫诀）

Goud dad erx ged、nat nat...

补谷阿柔告寿，

But guot ad roub gaot shout，

补谷欧柔告德。

But guob out roub gaot deit.

补产葵忙告见，

But chanx kiub mangb gaot jianb，

补吧录忙送嘎。

But bad lub mangb songx giax.

抓葡几最吉走，

Zhuad pux jid ziub jib zoub,

寿葡吉走吉板。

Shoux pux jid zoub jib banb.

浪喂声然照修打便郎得，

Nangb weib shongt rad zhaob xiud dat biat liangd deib,

照闹打绒郎秋。

Zhaob laox dad rongb liangb quid.

照修纵寿吉标，

Zhaob xiut zongb shoux jib bioud,

照闹秋得记竹。　　　　　　　　　　　　（降神诀）

Zhaob laox quid deib jid zhub.

照修补谷补涌提仲，

Zhaob xiud but guob but yongd tib zongb,

照闹补谷补肥图岭。　　　　　　　　　（下降布条诀）

Zhaob laox but guob but fenb tub liuongb.

照修达香，照闹达穷。

Zhaob xiut dab xiangd, zhaob laox dab qiongx.

就——

Jiux—

补热声棍，

But reb shongt gunt,

拢单纵寿吉标。　　　　　　　　　　　　（坐坛诀）

Liongb dand zongb shoux jib bioud.

补然弄猛，

But rad nongd mengb,

拢送吉秋照拿。　　　　　　　　　　　　（坐殿诀）

Liongb songx jib quix zhaob nab.

拢单你瓦意记送斗，

Liongb dand nit wab yit jid songx doub,

炯龙以打穷炯。　　　　　　　　　　　　（香炉诀）

Jiongx longb yit dat qiongx jiongx.

你瓦喂斗得寿，

Nit wab weib doub deib shoux,

炯龙剖弄告得。　　　　　　　　　　　　（绕祖诀）

Jiongx longb boub nongd gaod deib.

几达然鸟埋列嘎修,

Jid dab rad niaox maib leib giad xiut,

吉炯达奈埋列嘎闹。

Jib jiongx dab naix maib leib giad laox.

神韵——

焚烧蜂蜡糠火,燃起纸团宝香。

千神没有来请,百祖没有来迎。

奉请五方土地,六路龙神,鱼神肉神,

弟子的千位宗师,师郎的百位祖师。

三千交钱祖师,查名也都查完,来到这里。

三百度纸宗师,点字也都点到,来临此间。

要来奉请——

奉请祖太共米、共甲、仕官、四贵,

祖太明章、巴高、国峰、明鸿,

祖太仕贵、后宝,

祖太永顺、永现、光朱、老七、光林,

祖太席玉、江远、林华、老苟、共四、老弄,

千有、千财、进荣、腾兰,

祖太强贵、龙贵、光合、冬顺、得水。

叔公双全,祖公长先,

外祖二哥、大大……

三十一代祖师,三十二代弟子。

三千祖师交钱,查名皆齐皆遍。

三百度纸宗师,点字皆遍皆全。

闻我奉请暂离上天大堂,听我奉迎暂别天宫大殿。

暂离家中祖坛,暂别家内师殿。

暂离三十三块布条,暂别三十三块布幔。

离别香炉,暂别香碗。

神韵——

三咏神腔，来到信士祭祖场中。
三吟神韵，来临户主敬神堂内。
来到安享纸团宝香，来临安受蜂蜡糠烟。
拥护吾本弟子，守护我这师郎。
同日有请你们莫起，同时有奉你们莫去。

内没见恩头果，
Neib meib jianb engb tel guot,
见抗头浪。
Jianb kangx tel nangb.
几窝尼头尼抗，
Jid aot nib tel nib kangx,
窝拢尼见尼嘎。
Aot liongb nib jianb nib giax.
到见苟猛几白，
Daox jianb goud mengb jid baib,
到嘎苟猛吉炯。
Daox giax goud mengb jib jiongb.
修照埋浪热洞热恩，
Xiut zhaob maib nangb reb dongb reb engb,
见照埋浪热光热量。
Jianb zhaob maib nangb reb guangd reb liangx.
埋列拢斗得寿告见，
Maib leib liongb dout deib shoux gaod jianb,
莎列拢弄告得送嘎。
Sax leib liongb nongt gaod deib songx giax.
斗抓埋你，
Doub zhuab maib nit,
斗尼埋炯。
Doub nit maib jiongx.
告见扛单，
Gaod jianb gangb dand,
送嘎扛送。

Songx giax gangb songx.

列休喂斗得寿，

Leib xiut weib doub deib shout，

归先归得。

Giud xiand giud deib.

候然剖弄告得，

Houx rad boub nongd gaod deib，

归木归嘎。   （莲华诀）

Giud mub giud giad.

休照阿谷欧奶酷绒麻冬几图，

Xiud zhaob ad guob out leit kud rongb mab dongt jid tub，

然照阿谷欧奶酷便麻汝吉浪。   （藏身诀）

Rad zhaob ad guob out leit kud biat mab rux jid nangb.

　　　　主人有钱纸冥币，纸帛冥钱。
　　　　不烧是纸是帛，烧了是钱是财。
　　　　得财拿去共分，得钱拿去共用。
　　　　收在金仓银仓，入在金库银库。
　　　　你们要和弟子交钱，都要与吾师郎度纸。
　　　　拥在左边，护在右旁。
　　　　交钱得到，度纸得达。
　　　　收起弟子的，正魂本命，藏起师郎的，三魂七魄。
　　　　收在一十二个深洞之中，藏在一十二个好洞之内。

然鸟便告斗补，

Rab niaob biat gaox doub bub，

照告然冬，

Zhaox gaob rab dongt，

棍缪棍昂，

Gunt mioub gunt angb，

得寿产俄棍空，

Deib shet cant eb gunt kongt，

录汝吧图棍得。

Nub rux bax tub gunt deit.

补产葵莽告见，

But cant kuib mangb gaot jianb,

抓葡几最吉走，

Zhub bux jid zuib jib zoud,

拢单几途。

Liongb dand jid tub.

补吧傩忙送嘎，

But bax niub mangb songx giax,

寿葡吉走吉板，

Shex bux jib zoub jib banb,

拢送窝羊。

Liongb songx aob yangb.

吉约夫——吉约夫。 （祖师诀）

Jib yod fud—wub jib yod fud.

列够走酒浪萨，

Lieb geb zout jiud nangb sad,

列扑送酒浪度。

Lieb pub songx jiud nangb dux.

列理走酒浪公，

Lieb lid zout jiud nangb gongt,

列岔送酒浪几。

Lieb chax songx jiud nangb jid.

走酒浪萨列够然休，

Zout jiud nangb sad lieb geb rab xut,

送酒浪度列扑见得。

Songx jiud nangb dux lieb pud jianb deib.

吉约夫——吉约夫。

Jib yod fud—wub jib yod fud.

奉请五方土地，六路龙神，鱼神肉神，
弟子的千位宗师，师郎的百位祖师。
三千交钱祖师，查名也都查完，来到这里。

三百度纸宗师，点字也都点到，来临此间。

神韵——

要唱交酒的歌，要讲送酒的话。

要理交酒的根，要寻送酒的基。

交酒的歌要唱藏身，送酒的话要说保命。

神韵——

喂斗得寿，

Weib doub deib shet,

阿散修单告豆，

Ad sant xiut dand gaob dout,

呕散补散修单告豆。

Out sant but sant xiut dand gaob dout.

剖弄告得，

Bout niongx gaot deib,

阿虐修送比兵，

Ad niub xiut songx bid biongb,

呕虐补虐修送比兵。

Out niub but niub bid biongb.

修单告豆，

Xiut dand gaob dout,

列拢候内走酒。

Lieb liongb gex neib zout jiud.

修送比兵，

Xiut songx bid biongb,

列拢候能送列。

Lieb liongb hex nongb songx liex.

葵汝埋列照娄照追，

Kuib rux maib lieb zhaob neb zhaob zhuix,

傩汝埋列照抓照尼。

Niub rux maib lieb zhaob zhuab zhaob nib.

达尼剖走几单，

Dab nib bout zout jiad dand,

葵汝产娥棍空，

Kuib rux cant eb gunt kongt,

吉候剖走扛单。

Jib hex bout zout gangb dand.

达尼喂送几送，

Dab nib weib songx jid songx,

傩汝吧图棍得，

Niub rux bax tux gunt deib,

吉候喂送扛送。

Jib hex weib songx gangb songx.

剖走几扛几北纠录乙苟，

Bout zout jid gangb jid beib jiub lub yib goud,

喂送几扛热然谷叉图公。

Weib songx jid gangb reib rab guob chad tux gongt.

剖走列扛莎单，

Bout zout lieb gangb sax dand,

喂送列扛莎送。

Weib songx lieb gangb sax songx.

　　　　吾本弟子，一番站到供桌之边，
　　　　二番三番站到供桌之边。
　　　　我这师郎，一次站到供案之旁，
　　　　二次三次站到供案之旁。
　　　　站到供桌之边，要来打包余供去交。
　　　　站到供案之旁，要来打扫余供去送。
　　　　祖师你们随前随后，宗师你们随左随右。
　　　　若是吾交不到，弟子的千位祖师助交送到。
　　　　若是我送不达，师郎的百位宗师帮我送达。
　　　　吾交不让分散九条路途，我送不让漏落十岔路尾。
　　　　吾交就要交到，我送就要送达。

葵汝吉候修拢竹冬，

Kuib rux jib hex xiut liongb zhub dongt,

苟扛纠录苟达。 （挡板诀）

Ged gangb jiub lub goud dab.

傩汝吉候共拢竹纵，

Niub rux jib hex giuongl liongb zhub zongx，

苟洽谷图苟松。 （塞漏诀）

Goud qiax guob tux goud songt.

竹冬扛娘关关，

Zhub dongt gangb niangb guand guanb，

竹纵洽娘埋慢。 （封口诀）

Zhub zongx qiat niangb maib manb.

扛约阿谷呕苟苟白苟热， （封锁诀）

Gangb yod ad guob out goud goud beib goud reib，

洽约阿谷呕图苟洽苟松。 （祖师诀）

Qiat yod ad guob out tux goud qiat goud songd.

扛约葵汝埋腊候勾，

Gangb yod kuib rux maib lab hex ged，

洽板录汝埋腊候共。

Qiat banb lub rux maib lab hex giuongl.

葵汝苟最苟走，

Kuib rux ged zuib ged zout，

傩汝苟走苟板。

Niub rux ged zed ged banb.

祖师帮忙竖起门板，来挡九条路头。
宗师帮助竖起门扇，来挡十条路道。
门板挡得严严，门扇挡得实实。
堵了一十二路路落路漏，塞了一十三路路漏路散。
堵了祖师你们帮拿，塞了宗师你们帮抬。
祖师们都抬了，本师们都拿完。

喂斗得寿，
Weib doub deib shet，
阿散斗抓冲到候洞候恩，

Ad sant doub zhuab chongx daox het dongb het engb,

呕散补散，

Out sant but sant，

斗抓冲到候洞候恩。

Doub zhuab chongx daox het dongb het engb.

剖弄告得，

Bout nongx gaot deib，

阿虐斗尼冲到候光候量，

Ad niub doub nib chongx daox het guangd het liab，

呕虐补虐，

Out niub but niub，

斗尼冲到候光候量。

Doub nib chongx daox het guangd het liab.

要先几没苟拢、

Yaox xiand jid meib ged liongb、

偷为内浪归先归得，

Tet wes neib nangb guid xiand guid deib，

要木几没苟拢、

Yaox mub jid meib ged liongb、

偷为内浪归木归嘎。

Tet wes neib nangb guid mub guid giad.

内浪先头占嘎虫兰，

Neib nangb xiand toub zhuanb giad chongb lan，

木汝奈拿虫兄。

Mub rux naix nab chongb xiongd.

候洞候恩，

Het dongb het engb，

列拢偷为便散这酒，

Lieb liongb tet wes jiongb sant zhex jiud，

候光候量，

Het guangd het liab，

列拢偷为便然龙弄。

Lieb liongb tet wes jiongb rab longb nongb.

便达酒豆酒江，

Jiongb dab jiud dout jiud jiangb,

便这酒江酒明。

Jiongb zhex jiud jiangb jiud miuongb.

便达公兄，

Jiux dab gongb xiongb,

便这糯然。

Jiux zheb nub rangx.

昂斩几锐公色，

Ghax zhad jid ruib gongb ses,

共色糯然。

Gongb ses nub rab.

阿散偷为照够几北告豆、

Ad sant tet wes zhaob gout jid beib gaob dout、

呕散补散偷为、

Out sant but sant tet wes、

照够几北告豆，

Zhaob gout jid beib gaob dout,

几崩照弄提中，

Jid bengb zhaob nongx tib zhongb,

几卡列苟猛走。

Jid kax lieb ged mengt zout.

阿虐偷为照弄吉走比兵、

Ad niub tet wes zhaob nongd jib zed bid biongb、

呕虐补虐偷为、

Out niub but niub tet wes、

照弄吉走比兵、

Zhaob niongx jib zed bid biongb、

吉特照弄图岭，

Jib teix zhaob niongx tub liuongt,

吉累列苟猛送。

Jib leix lieb ged mengb songx.

葵汝埋列候走，

Kuib rux maib lieb hex zout,

录汝埋腊候送。

Lub rux maib lab hex songx.

送斗不猛竹豆，

Songx doub bub mengb zhub dout,

穷炯不闹康内。

Qiongx jiongx bub laox kangd neib.

吉约夫——无吉约夫——

Jib yod fud—wub jib yod fud—

吾本弟子，一番左手拿得铜瓢银瓢，

二番三番左手拿得铜瓢银瓢。

我这师郎，一次右手拿得金瓢铁瓢，

二次三次右手拿得金瓢铁瓢。

少力不是来舀、信士的长寿生气，

少气不是来舀、户主的子孙洪福。

铜瓢银瓢，要来舀这九呈供酒。

金瓢铁瓢，要来舀这九献供酒。

九呈香酒甜酒，九献甜酒蜜酒。

九碗热粑，九盘糯供。

下酒的熟肉，热粑糯供。

一番打包在起供桌之中、

二番三番打包在起供桌之中、

包在送酒布中，全部都要去交。

一次打包在起供案之上、

二次三次打包在起供案之上、

包在送肉帛内，全部都要去送。

祖师你们帮交，宗师你们帮送。

糠香背去老堂，蜡烟载去老殿。

神韵——

喂斗得寿，

Weib doub deib shet,

阿散修单便标，

Ad sant xiut dand biat bioud,

呕散补散修单便标。

Out sant but sant xiut dand biat bioud.

剖弄告得，

Bout niongx gaot deib,

阿虐修送便斗，

Ad niub xiut songx biat dout,

呕虐补虐修送便斗。

Out niub but niub biat dout.

修单便标，

Xiut dand biat bioud,

列拢候内走酒。

Lieb liongb gex neib zout jiud.

修送便斗，

Xiut songx biat bioud,

列拢候能送列。

Lieb liongb hex nongb songx liex.

葵汝埋列照娄照追，

Kuib rux maib lieb zhaob neb zhaob zhuix,

傩汝埋列照抓照尼。

Niub rux maib lieb zhaob zhuab zhaob nib.

达尼剖走几单，

Dab nib bout zout jiad dand,

葵汝产娥棍空，

Kuib rux cant eb gunt kongt,

吉候剖走扛单。

Jib hex bout zout gangb dand.

达尼喂送几送，

Dab nib weib songx jid songx,

傩汝吧图棍得，

Niub rux bax tux gunt deib,

吉候喂送扛送。

Jib hex weib songx gangb songx.

剖走几扛几北纠录乙苟，

Bout zout jid gangb jid beib jiub lub yib goud，

喂送几扛热然谷叉图公。

Weib songx jid gangb reib rab guob chad tux gongt.

剖走列扛莎单，

Bout zout lieb gangb sax dand，

喂送列扛莎送。

Weib songx lieb gangb sax songx.

吾本弟子，一番站到小桌之边，
二番三番站到小桌之边。
我这师郎，一次站到小案之旁，
二次三次站到山案之旁。
站到小桌之边，要来打包余供去交。
站到小案之旁，要来打扫余供去送。
祖师你们随前随后，宗师你们随左随右。
若是吾交不到，弟子的千位祖师助交送到。
若是我送不达，师郎的百位宗师帮我送达。
吾交不让分散九条路途，我送不让漏落十岔路尾。
吾交就要交到，我送就要送达。

葵汝吉候修拢竹冬，

Kuib rux jib hex xiut liongb zhub dongt，

苟扛纠录苟达。

Ged gangb jiub lub goud dab.

傩汝吉候共拢竹纵，

Niub rux jib hex giuongl liongb zhub zongx，

苟洽谷图苟松。

Goud qiax guob tux goud songt.

竹冬扛娘关关，

Zhub dongt gangb niangb guand guanb，

竹纵洽娘埋慢。

Zhub zongx qiat niangb maib manb.

扛约阿谷呕苟苟白苟热，

Gangb yod ad guob out goud goud beib goud reib，

洽约阿谷呕图苟洽苟松。

Qiat yod ad guob out tux goud qiat goud songd.

扛约葵汝埋腊候勾，

Gangb yod kuib rux maib lab hex ged，

洽板录汝埋腊候共。

Qiat banb lub rux maib lab hex giuongl.

葵汝苟最苟走，

Kuib rux ged zuib ged zout，

傩汝苟走苟板。

Niub rux ged zed ged banb.

祖师帮忙竖起门板，来挡九条路头。

宗师帮助竖起门扇，来挡十条路道。

门板挡得严严，门扇挡得实实。

堵了一十二路路落路漏，塞了一十三路路漏路散。

堵了祖师你们帮拿，塞了宗师你们帮抬。

祖师们都抬了，本师们都拿完。

喂斗得寿，

Weib doub deib shet，

阿散斗抓冲到岭周岭节，

Ad sant doub zhuab chongx daox liuongt zhoub liuongt jieb，

呕散补散，

Out sant but sant，

斗抓冲到岭周岭节。

Doub zhuab chongx daox liuongt zhoub liuongt jieb.

剖弄告得，

Bout nongx gaot deib，

阿虐斗尼冲到岭尖岭抓，

Ad niub doub nit chongx daox liuongt jiand liuongt zhuab，

呕虐补虐，

Out niub but niub,

斗尼冲到岭尖岭抓，

Doub nib chongx daox liongt jiand liuongt zhuab、

要先几没苟拢吾然、

Yaox xiand jid meib ged liongb wut rab、

内浪归先归得，

Neib nangb guid xiand guid deib,

要不几没苟拢吾绕、

Yaox bub jid meib ged liongb wut raob、

内浪归木归嘎。

Neib nangb guid mub guid giad.

内浪先头占嘎虫兰，

Neib nangb xiand toub zhuanb goax chongb lan，

木汝奈拿虫兄。

Mub rux naix nab chongb xiongd.

列拢吾然便散这酒，

Lieb liongb wut rab jiongb sant zhex jiud,

便然龙弄。

Jiongb rab longb nongb.

便达酒豆酒江，

Jiongb dab jiud dout jiud jiangb,

便这酒江酒明。

Jiongb zhex jiud jiangb jiud miuongb.

便达公兄，

Jiux dab gongb xiongb,

便这糯然。

Jiux zheb nub rangx。

昂斩几锐公色，

Ghax zhad jid ruib gongb ses,

共色糯然。

Gongb ses nub rab.

阿散呕散补散、

Ad sant out sant but sant、

吾然照够几北便标、

Wut rab zhaob gout jid beib biat bioud、

几崩照弄提中，

Jid bengb zhaob nongd tib zhongd,

几卡列苟猛走。

Jid kax lieb ged mengb zout.

阿虐呕虐补虐、

Ad niub out niub but niub、

吾绕照弄吉走便斗、

Wut raob zhaob nongd jib zed biat dout、

吉特照弄图岭，

Jib teix zhaob nongd tux liuongt,

吉累列苟猛送。

Jib leid lieb ged mengb songx.

葵汝召篓冲拔苟走，

Kuib rux zhaob neb chongx bab ged zout,

录汝照追冲泻候送。

Lub rux zhaob zhuix chongx xied hex songx.

送斗不猛竹豆，

Songx doub bub mengb zhub dout,

穷炯不闹康内。

Qiongx jiongx bub laox kangd neib.

吉约夫——无吉约夫——

Jib yod fud—wub jib yod fud—

　　　　吾本弟子，一番左手拿得送酒圣布，
　　　　二番三番左手拿得送酒圣布。
　　　　我这师郎，一次右手拿得布帛布条，
　　　　二次三次右手拿得布帛布条。
　　　　少力不包信士的长寿生气，
　　　　少气不装户主的子孙洪福。
　　　　要来包这九呈供酒，九献敬酒。

九呈香酒甜酒，九献甜酒蜜酒。

五碗热粑，五盘糯供。

下酒的熟肉，热粑糯供。

一番二番三番打包在起供桌之上、

包在送酒布中，全部都要去交。

一次二次三次打包在起供案之上、

包在送肉帛内，全部都要去送。

祖师帮交，宗师帮送。

糠香背去老堂，蜡烟载去老殿。

神韵——

葵汝吉候修拢竹冬，

Kuib rux jib hex xiut liongb zhub dongt,

苟扛纠录苟达。　　　　　　　　　　　（挡板诀）

Ged gangb jiub lub goud dab.

傩汝吉候共拢竹纵，

Niub rux jib hex giuongl liongb zhub zongx,

苟洽谷图苟松。　　　　　　　　　　　（塞漏诀）

Goud qiax guob tux goud songt.

竹冬扛娘关关，

Zhub dongt gangb niangb guand guanb,

竹纵洽娘埋慢。　　　　　　　　　　　（封口诀）

Zhub zongx qiat niangb maib manb.

扛约阿谷呕苟苟白苟热，　　　　　　　（封锁诀）

Gangb yod ad guob out goud goud beib goud reib,

洽约阿谷呕图苟洽苟松。　　　　　　　（祖师诀）

Qiat yod ad guob out tux goud qiat goud songd.

扛约葵汝埋腊候勾，

Gangb yod kuib rux maib lab hex ged,

洽板录汝埋腊候共。

Qiat banb lub rux maib lab hex giuongl.

葵汝苟最苟走，

Kuib rux ged zuib ged zout,

傩汝苟走苟板。

Niub rux ged zed ged banb.

吉约夫——无吉约夫——

Jib yod fud—wub jib yod fud—

    祖师帮忙竖起门板，来挡九条路头。

    宗师帮助竖起门扇，来挡十条路道。

    门板挡得严严，门扇挡得实实。

    堵了一十二路路落路漏，塞了一十三路路漏路散。

    堵了祖师你们帮拿，塞了宗师你们帮抬。

    祖师们都抬了，本师们都拿完。

    神韵——

阿热声棍，

Ad reib shongt gunt,

走单几纵棍谬，

Zout dand jid zongb gunt mioub,

阿然弄猛，

Ad rab nongx mengx,

送送吉秋棍昂。

Songx songx jib quix gunt angb.

棍缪照篓冲拔候走，

Gunt mioub zhaob neb chongx bab hex zout,

棍昂照追冲泻候送。

Gunt angb zhaob zhuix chongx xied hex songx.

葵汝候走，

Kuib rux hex zout,

录汝候送。

Lub rux hex songx.

吉约夫——无吉约夫——

Jib yod fud—wub jib yod fud—

呕热声棍，

Out reib shongt gunt,

走单以留西向。

Zout dandy id liub xid xiangt.

呕然弄猛，

Out rab nongx mengx,

送送意苟格补。

Songx songx yib geb gib bub.

向剖向娘照篓冲拔苟走，

Xiangt pout xiangt niangb zhaob neb chongx bab ged zout,

向内向玛照追冲泻候送。

Xiangt neid xiangt max zhaob zhuix chongx xied hex songx.

葵汝候走，

Kuib rux hex zout,

录汝候送。

Lub rux hex songx.

吉约夫——无吉约夫——

Jib yod fud—wub jib yod fud—

补热声棍，

But reib shongt gunt,

走单拔浪竹岭萨够斗标。

Zout dand bab nangb zhub liuongt sax gout doub bioud.

补然弄猛，

But rab nongx mengb,

送送浓浪竹共萨肥柔纵。

Songx songx niuongx nangb zhub gongx sax feib roub zongb.

走单埋浪几得穷酒，

Zout dand maib nangb jid deib qiongx jiud,

送送埋浪吉秋穷列。

Songx songx maib nangb jib quix qiongb liex.

酒见卡风卡龙，

Jiud jianb kax fengt kax nongb,

昂见卡打卡特。

Angb jianb kax dab kax teix.

太拔斗标太虫，

Tat bab doub bioud tait chongx,

太泻柔纵泻拿。

Tait xiex roub zongb xiex nab.

再斗提中列占几初，

Zaix doub tib zhongb lieb zhuanb jid chut,

再斗图岭列占吉仰。

Zaix doub tux liuongt lieb zhuanb jib yangd.

阿瓦占照产谷产瓦，

Ad wab zhuanb zhaob cant guob cant wab,

阿虐奈照吧谷吧虐。

Ad niub naix zhaob bax guob bax niub.

汝内几扛拢林，

Rux neib jid gangb liongb liuongb,

达龙几扛拢窝。

Dab longb jid gangb liongb aox.

柔猛腊柔提中，

Roub mengb lab roub tib zhongb,

几柔内浪达酒你娘产豆。

Jid roub neib nangb dab jiud nit niangb cant dout.

柔猛腊柔图岭，

Roub mengb lab roub tux liuongt,

几柔内浪泻昂炯娘吧就。

Jid roub neib nangb xied angb jiongx niangb bax jux.

腔韵——

一轮神腔，上达鱼神堂中。

一番神韵，上到肉神堂内。

鱼神你们在前拿盘去交，肉神你们在后拿包去送。

祖师拿齐拿全，宗师拿全拿遍。

腔韵——

二轮神腔，上达先祖堂中。

二番神韵，上到先宗堂内。

祖公祖婆在前拿盘帮交，祖母祖父在后拿包帮送。

祖师拿齐拿全，宗师拿全拿遍。

腔韵——

三轮神腔，上达最古女祖的住屋老堂。

三番神韵，上到最老男宗的坐宅老殿。

交到你们的酒店，送到你们的肉堂。

酒成风气雨气，肉成火气焰气。

摆盘摆得平稳，摆筛摆得平正。

还有布条来缠来绕，再有布帛来包来系。

一番绕来抵得千百千绕，一圈缠来抵得百十百缠。

好天不送来晒，恶雨不送来淋。

散去也散布帛，不散祖神的供酒坐得千年。

散去也散布条，不散祖神的供肉坐得百岁。

喂列吧奈便告斗补，

Weib lieb bax naix biat gaox doub bub,

照告然冬，

Zhaox gaox rab dongt,

棍缪棍昂，

Gunt mioub gunt angb,

得寿产俄棍空，

Deib shet cant eb gunt kongt,

录汝吧图棍得。

Lub rux bax tub gunt deit.

浪喂声然几最布告松斗，

Nangb weib shongt rab jid zuib biongb gaob songx doub,

浪剖弄奈吉麻布龙穷炯。

Nangb bout nongx naix jib mab biongb liongb qiongx jiongb.

得寿巴为归先归得，

Deit shet bad weib guit xiand guit deib,

弄得巴牙归木归嘎。

Nongx deit bad yab guit xiand guit giad.

吉约夫——无吉约夫——

Jib yod fud—wub jib yod fud—

阿热声棍，

Ad reib shongt gunt,

列闹长猛冬豆。

Lieb laox changb mengb dongt dout.

阿然弄猛，

Ad rab nongx mengb,

列闹长猛冬腊。

Lieb laox changb mengb dongt lab.

剖埋莎腊长猛冬豆，

Bout maib sax lab changb mengb dongt dout,

见见莎列长闹冬腊。

Jianx jianx sax lieb changb laox dongt lab.

久扛够嘎够洽，

Jut gangb goub giab gout qiad,

久扛够内够总。

Jut gangb goub neib goud zongb.

大戏不汝先头麻你冬豆，

Dat xit bub rux xiand toub mab nit dongt dout,

剖埋首虫木汝麻炯冬腊。

Bout maib soud chongx mub rux mab jiongx dongt lab.

布告松斗长拢，

Biongb gaob songt dout changb liongb,

油拢穷炯长闹。

Youb liongb qiongx jiongx changb laox.

吉约夫——无吉约夫——

Jib yod fud—wub jib yod fud—

欧热声棍，

Out reib shongt gunt,

长单依流西向。

Changb dand yid liub xid xiangt.

欧然弄猛，

Out rab nongx mengb,

长送意苟格补。

Chagb songx yib geb gib bub.

剖埋莎腊长猛冬豆，

Bout maib sax lab changb mengb dongt dout,

见见莎列长闹冬腊。

Jianx jianx sax lieb changb laox dongt lab.

久扛够嘎够洽，

Jut gangb goub giab gout qiad,

久扛够内够总。

Jut gangb goub neib goud zongb.

大戏不汝先头麻你冬豆，

Dat xit bub rux xiand toub mab nit dongt dout,

剖埋首虫木汝麻炯冬腊。

Bout maib soud chongx mub rux mab jiongx dongt lab.

布告松斗长拢，

Biongb gaob songt dout changb liongb,

油拢穷炯长闹。

Youb liongb qiongx jiongb changb laox.

吉约夫——无吉约夫——

Jib yod fud—wub jib yod fud—

补热声棍，

But reib shongt gunt,

长单几纵棍缪。

Changb dand jid zongb gunt mioub.

补然弄猛，

But rab nongx mengb,

长送吉秋棍昂。

Changb songx jib quix gunt angb.

补热声棍，

But reib shongt gunt,

纵豆拢久。

Zongb dout liongb jub.

补然弄猛，

But rab nongx mengb,

纵腊拢半。

Zongb lab liongb banb.

喂猛喂豆，

Weib mengb weib dout,

喂长喂单。

Weib changb weib dand.

纵豆归先归得喂不白久，

Zongb dout guit xiand guit deit weib bub beid jiud,

纵腊归木归嘎，

Zongb lab guit mub guit giad,

喂先喂研喂不白得。

Weib xiand weib yanb weib bub beid deib.

吉约夫——无吉约夫——

Jib yod fud—wub jib yod fud—

我要奉请五方土地，

六面龙神，鱼神肉神，

弟子的千位祖师，尊贵的百位宗师。

听我声请齐齐驾赴糠香，闻我声奉齐聚驾赴蜡烟。

弟子紧收生气儿气，师郎藏好长寿洪福。

神韵——

一番神腔，我们要转凡尘。

一次神韵，我们要回凡间。

我们都要回转凡尘，大家都要回去凡间。

不能失魂落魄，不准损魂伤命。

大家带汝长命富贵，我们收紧衣禄洪福。

驾赴糠香回转，驾赴蜡烟回来。

神韵——

二次神腔，回到先祖大堂。

二番神韵，转到先人大殿。

我们都要回转凡尘，大家都要回去凡间。

不能失魂落魄，不准损魂伤命。

大家带汝长命富贵，我们收紧衣禄洪福。

驾赴糠香回转，驾赴蜡烟回来。

神韵——

三次神腔，回到鱼神堂中。

三番神韵，转到肉神堂内。

三次神腔，回到凡间。

三番神韵，转到凡尘。

回阳长寿生气我负满体，

临凡儿孙洪福我收我藏、我带满身。

神韵——

二八
扑度酒 · Pub dub jiud · 祝酒词

【简述】

祝酒词指的是敬酒词。苗师在主持敬献供酒仪式的时候，要代表祖神的舅爷或舅俵或寨老或龙公龙婆等，双手捧着酒碗于胸前缓缓地上下游动。而巴代左手拿蚩尤铃不时摇三摇，右手拿筶边上下游动边吟诵敬酒词，每吟诵完一遍敬酒词，即放一筶在神桌上。此时持酒碗的办供人便对着酒碗吹一口气，随即将酒喝下，喝完后还要将碗从下嘴唇往上刮一下，象征着一滴不漏。

巴代和办供人在向祖神敬酒（石开森摄）

这个动作一是体现苗族人爱惜粮食；二是体现出活人（自我）即是祖神，意思是我就是祖先，我的祖先就是我。祖先虽然已死亡，但其基因血液却流淌在我（活人）的身上，从这层意义上来说，我就是我的祖先。这个转化过程就是"自我不灭论"的实质，故而确定了苗师所信奉的是"自我不灭论"，所奉行的是"自我崇拜"或"崇拜自我"（活人祭祀活人）。巴代在敬酒词中的神辞"我吃你吃，我喝你喝，我饱你饱，我醉你醉"便充分证明了这一点，即"我"吃就是你吃，"我"和"我的祖先"本质上就是一个人，"我"是"我的祖先"的化身。巴代的敬献供品的神辞与作法与汉族及其他民族的根本区别就在这里。其他民族或宗教所敬供的是木偶神像或牌位，同时供品也是泼洒于地以象征敬供；而苗师是献供于活人，并且要一滴不漏地吃进嘴里去。

苗师的敬酒词共有五碗、七碗、九碗之分，其中敬每碗酒的神辞内容各有不同。

服术列候其夫，

Hub shut lieb houb qid hud，

能抽列候吉卡。

Nongx choub lieb houb jid kad.

其夫度内阿标林休，

Qib hub dub niex ad bioud liongx xiut，

吉卡度标阿竹共让。

Jid kab dub bioud ad zhub gongb rangb.

吾恩章拢包标包斗，

Wud ghongx zhangd longb baob bioud baob doud，

吾格章拢包纵包秋。

Wud giex zhangd longb baob zongb baob qieb.

吾见腊拢白标白斗，

Wud jianb lad longd biad bioud biad doud，

吾嘎腊包白纵白秋。

Wud gad lad baob biad zongb biad qieb.

告矮照白恩果，

Gaox aix zhaob bias ghongx gout，

告纵照白格滚。

Gaox zhongx zhaob bias giex guongx.

告中白力白梅,

Gaox zhongb biad lis biad mieb,

告痛白恩白格。

Gaox tongb biad ghongx biad giex.

见拢几描补公比吹包标,

Jianb longd jid mioux bub gongd bid cuis baob bioud,

嘎拢吉麻补公比吹便染包竹。

Gad longd jid mab bub gongb bid cuis biat rax baob zhub.

见拢腊尼见空,

Jianb longd lad nid jianb kongt,

嘎拢腊尼嘎令。

Gad longd lad nid gad liongx.

内内腊到见空几初,

Niet niet lad daob jianb kongt jid chub,

虐虐腊到嘎令吉仰。

Niub niub lad daob gad liongx jid angb.

令猛冬千,

Liongx mengd dongt qiant,

发猛冬汝。

Fab mengd dongt rub.

喝醉要来庇荫,吃饱要来保佑。
庇荫主家一家大小,保佑主家一屋老少。
财喜涌来进家进户,财源涌入进仓进库。
财喜涌进满家满宅,财源涌入满堂满殿。
金仓装满黄金,银库装满白银。
栏中满驴满马,库中满金满银。
财喜涌入三方四面进家,财源涌进三方四面五路进户。
财来都是白财,财到都是横财。
日日也得白财来加,天天也获横财来添。
富裕登天,富足登地。

服术列候其夫,

Hub shut lieb houb qid hud，

能抽列候吉卡。

Nongx choub lieb houb jid kad.

其夫度内阿标林休，

Qib hub dub niex ad bioud liongx xiut，

吉卡度标阿竹共让。

Jid kab dub bioud ad zhub gongb rangb.

得恩拢毕拢包，

Dex ghongx longd bid longd paob，

嘎格拢楼拢归。

Gad giex longd loub longd guib.

得恩首拢腊尼得乖，

Dex ghongx shoub longd lad nid ded guet，

嘎格笔拢腊尼嘎令。

Gad giex bid longd lad nid gad liongb.

出乖炯闹猛标猛斗，

Chub guet jongb laob mengd bioud mengd boud，

出令炯闹猛干猛无。

Chub liongb jongb laob mengd giat mengd wub.

你猛几竹冬内，

Nid mengd jid zhub dongt niet，

炯闹吉标王记。

Jongb laob jid bioud wangb jib.

汝格内扑板补板冬，

Rub giex niex pub biab pub biab dongt，

汝葡扑猛板加板追。

Rub pub pub mengd biab jiad biab zuix.

得恩笔拿打声，

Dex ghongx bid lad dad shongt，

嘎格发拿打缪。

Gad giex fab nab dad mioud.

出笔出包，

Chib bid chub bhes，

出发出求。

Chub huat chub qiub.

出乖出令,

Chub guet chub liongb,

出楼出归。

Chub loub chub guib.

　　喝醉要来庇荫,吃饱要来保佑。
　　庇荫主家一家大小,保佑主家一屋老少。
　　银儿来生来养,金孙来养来育。
　　银儿生来也是大官,金孙养来也是大富。
　　大官坐去大堂大殿,大富坐去大城大市。
　　坐去京城之中,居住皇宫之内。
　　好名传去遍满四方,美誉传去遍满四处。
　　银儿发如群虾,金孙发似群鱼。
　　做繁做荣,做发做旺。
　　做富做贵,做大做强。

服术列候其夫,

Hub shut lieb houb qid hud,

能抽列候吉卡。

Nongx choub lieb houb jid kad.

其夫度内阿标林休,

Qib hub dub niex ad bioud liongx xiut,

吉卡度标阿竹共让。

Jid kab dub bioud ad zhub gongb rangb.

汝散汝猛产豆,

Rub sait rub mengd chanx dout,

汝茶汝猛吧就。

Rub cad rub mengd bab jiub.

匡得汝路汝腊,

Kuangt deb rub lub rub lad,

匡秋汝散汝茶。

Kuangt qieb rub sait rub cab.

帮苟汝图汝拢，

Bangb goud rub tub rub longd，

路腊汝楼汝弄。

Lub lad rub loub rub nongb.

累包到久白热，

Lit bheb daob jut biad red，

包尔林拿格尼。

Bhed red liongb nab giet nieb.

窝背白板白几，

Aod bid biad biab biad jid，

窝够白几白照。

Aod goud biad jid biad zhaob.

棍楼其夫产豆，

Ghunt loux qid hud chans dout，

棍弄吉卡吧就。

Ghunt nongb jid kab bab jiub.

麻服首林首章，

Mab hub shoud liongx shoud zhangb，

麻能首久首得。

Mab nongb shoud jius shoud des.

产柔腊服几久，

Chans roux lad hun jid jud，

吧柔腊能几娘。

Bab roux lad nongx jid niangb.

喝醉要来庇荫，吃饱要来保佑。
庇荫主家一家大小，保佑主家一屋老少。
稼苗好去千年，粮食丰收百载。
宽广好田好地，宽阔好土好地。
山坡好树好林，田地好米好粮。
稻谷装满大仓，玉米大似牛角。
果子满笼满篓，水果满篓满装。

谷祖庇荫千年，粟神保佑百载。
吃的长肥身材，喝的养壮身体。
千年也喝不尽，百载也吃不完。

服术列候其夫，
Hub shut lieb houb qid hud,
能抽列候吉卡。
Nongx choub lieb houb jid kad.
其夫度内阿标林休，
Qib hub dub niex ad bioud liongx xiut,
吉卡度标阿竹共让。
Jid kab dub bioud ad zhub gongb rangb.
首尼白中白吹，
Shoud nieb biad zhongb biad cuid,
首油白忙白强。
Shoud yud biad mangb biad qingb.
首尼尼林拿苟，
Shoud nieb nieb liongb nab goud,
首油油杖拿绒。
Shoud yud yud zhangb nab rongx.
首琶琶林摧膘，
Shoud mab mab liongb cuit biaos,
首狗狗章摧汝。
Shoud goud goud zhangb cuid rub.
大嘎出帮出忙，
Dad gad chub bangt chub mangb,
达录出忙出强。
Dad nub chub mangb chub qiangb.
就就汝汉达书达收，
Jiud jiub rub haib dad shut dad shoud,
强强汝汉大嘎达录。
Qiangb qiangb rub haib dad gad dad nub.
良见腊到猛见，

Liab jianb lad daob mengd jianb,

良嘎腊到猛嘎。

Liab gad lad daob mengd gad.

产豆腊用几久，

Chand dout lad yongb jid jud,

吧就腊用几娘。

Bab jub lad yongb jid niangb.

喝醉要来庇荫，吃饱要来保佑。

庇荫主家一家大小，保佑主家一屋老少。

水牯满栏满圈，黄牛满帮满群。

水牯长大如山，黄牛肥胖如岭。

养猪猪肥满膘，养狗狗大满群。

养鸡成帮成群，养鸭成群成帮。

年年六畜兴盛成群，岁岁家禽兴旺成帮。

去卖也得大钱，去售也得大价。

千年也享不尽，百载也用不完。

服术列候其夫，

Hub shut lieb houb qid hud,

能抽列候吉卡。

Nongx choub lieb houb jid kad.

其夫度内阿标林休，

Qib hub dub niex ad bioud liongx xiut,

吉卡度标阿竹共让。

Jid kab dub bioud ad zhub gongb rangb.

麻能腊元，

Mab nongx lad yuanb,

麻拢腊汝。

Mab nongx lad rub.

汝汉得公得牙，

Rub haib dex gongt dex yab,

汝汉提周提放。

Rub haib tib zhoud tib fangb.

迷话汝最汝松，

Mib huat rub zuib rub songd,

出见汝提汝豆。

Chub jianb rub tib rub dout.

得拔拢欧配良得绒，

Dex pab longd out pib liangb dex rongx,

得浓拢向配良得潮。

Dex niongb longd xiangt pid liangb dex ceb.

配良绒崩麻先，

Pid liangb rongx bengb mad xianb,

配汝绒背麻西。

Pid rub rongx bid mab xid.

同内叉单明苟，

Tongb niet cab dand miongb goud,

同那叉通明绒。

Tongb lab cab tongd miongb rongx.

昂内腊汝欧果欧漂，

Ganx niet lad rub out gout out piaob,

昂弄腊汝迷话几录。

Ghax nongb lad rub mib huat jid nub.

产内克咱莎秋，

Chand niex ked zab sead qieb,

吧内孟干莎江。

Bab niex mengd giab sead jiangb.

汝猛产谷产豆，

Rub mengd chanb goux chanb dout,

汝挂吧谷吧就。

Rub guab bab guox bab jub.

 喝醉要来庇荫，吃饱要来保佑。
 庇荫主家一家大小，保佑主家一屋老少。
 吃的也剩，穿的也好。

养好蚕儿蚕娘，织好绫罗绸缎。

棉花纺成好线，好线织成好布。

女人穿戴似那龙女，男儿穿衣如那龙王。

美如花朵才开，好似花儿才放。

比如日头出山之美，好似月亮穿云之秀。

夏天好那白衣退凉，冬天好那棉袍御寒。

千人看了也美，百众看了也赞。

好去千年千岁，好过百岁百载。

读酒·Dub jiud·敬酒词

读阿这酒，

Dub ad zhex jiud,

读约阿散这酒，

Dub yod ad sant zhex jiud,

阿然龙弄。

Ad rab longb nongb.

酒豆酒江，

Jiud dout jiud jiangb,

酒江酒明。

Jiud jiangb jiud miuongb.

阿达公兄，

Ad dab gongb xiongb,

阿这糯然，

Ad zheb nub rangx,

昂斩几锐公色，

Ghax zhad jid ruib gongb ses,

共色糯然。

Gongb ses nub rab.

阿散酒莽几洞先头，

Ad sant jiud mangb jid dongb xiand toub,

阿散酒卡吉良木汝。

Ad sant jiud kad jid liab mub rux.

几洞先头——

Jid dongb xiand toub—

阿标林休几最莎到先头，

Ad bioud liuongb xut jid zuib sax daox xiand toub,

吉良木汝——

Jid liab mub rux—

阿竹共让几最莎到木汝。

Ad zhub gongx rangx jid zuib sax daox mub rux.

麻让你单产谷产豆，

Mab rangx nit dand cant guob cant dout,

麻让炯挂吧谷吧就。

Mab rangx jiongx guax bax guob bax jux.

阿散这酒列拢扛服，

Ad sant zhex jiud lieb liongb gangb fud,

阿然龙弄列拢扛能。

Ad rab longb nongd lieb liongb gangb nongb.

酒豆酒江，

Jiud dout jiud jiangb,

酒江酒明。

Jiud dout jiud jiangb.

学西……

Xuob xid. . .

读约苟扛……

Dub yod geud gangb. . .

学笑……

Xuox xiaox. . .

读约苟扛……

Dub yod geud gangb. . .

几拢扛单埋浪比豆，

Jid liongb gangb dand maib nangb bid dex,

吉冲扛送埋浪比斗。

Jib chongx gangb songx maib nangb bid doub.

拼散埋腊儿最没服，

Pingt sant maib lab jid zuib meit fub,

拼卡埋莎儿最没龙。

Piongt kax maib sax jid zuib meit longb.

否服自尼埋服，

Woub fub zid nib maib fub,

否能自尼埋能。

Woub nongb zid nib maib nongb.

否服埋服，

Woub fub maib fub,

否能埋能。

Woub nongb maib nongb.

拼散苟照打鸟，

Piongt sant goud zhaob dab niaob,

拼卡苟照达弄。

Piongt kax ged zhaob dab nongx.

阿——酒——阿——酒——   （摇铃放答）

Ab—jiux—ab—jiux—

（对酒吹一口气，吃酒。）

　　　敬一碗酒。
　　　敬上一呈供酒，一献敬酒。
　　　香酒甜酒，甜酒蜜酒。
　　　一碗热粑，一盘糯供。
　　　下酒的熟肉，热粑糯供。
　　　一呈供酒来换长气，一献供肉来换长寿。
　　　来换长气，一家大小皆得长气。
　　　来换长寿，一屋老幼皆得长寿。
　　　少的坐过一千余年，老的活过一百余岁。
　　　一呈供酒要敬给喝，一献敬酒要敬送吃。
　　　香酒甜酒，甜酒蜜酒。

祭祀……

要来敬奉……

敬奉……

要来敬送……

双手递来你的手中，双手捧到你的手内。

人喝就是你们得喝，人吃就是你们得吃。

他喝你喝，他吃你吃。

吹气齐皆来喝，吹味齐皆来吃。

吹气喝在口中，吹味吃在嘴内。

神韵——

服约阿散这酒，

Fub yod ad sant zhex jiud,

阿然龙弄。

Ad rab longb nongb.

阿达酒豆酒江，

Ad dab jiud dout jiud jiangb,

阿这酒江酒明。

Ad zhex jiud jiangb jiud miuongb.

得忙汝苟猛豆，

Deit mangb rux goud mengt dout,

度忙汝公猛炯。

Dux mangb rux gongt mengb jiongx.

龙锐江达长拢首久，

Nongb ruit jiangb dab changb liongb soud jiud,

龙列江这长拢首得。

Nongb liex jiangb zhex changb liongb soud deit.

求绒水单登绒，

Quix rongb shuit dand dengd rongb,

闹夯水送告共。

Laox hangb shuit songx aob gongx.

西约腊到先头，

Xid yod lab daox xiand toub,

笑约腊到木汝。

Xiaox yod lab daox mub rux.

产豆几没出格斗标，

Cant dout jid meib chud gib doub bioud,

吧就几没喂怪柔纵。

Bax jux jid meib weib guaix rout zongb.

你茶你猛产豆，

Nit cat nit mengb cant dout,

炯汝炯猛吧就。

Jiongx ux jiongx mengb bax jux.

猛出吾见腊拢，

Mengb chud wub jianb lab liongb,

猛岔吾嘎腊到。

Mengb chax wub giax lab daox.

出岭岭娘产豆，

Chud liuongx liuongx niangb cant dout,

出汝汝猛吧就。

Chud rux rux mengb bax jux.

阿——酒——阿——酒——　　　　　　　　　　（摇铃放筶）

Ab—jiux—ab—jiux—

喝了一呈的酒，一献的供。

一呈敬酒甜酒，一献甜酒供酒。

病者好了病体，病人脱了病患。

吃菜甜嘴养育身体，吃饭香口养育血肉。

上山得到山顶，下地得力到位。

敬了便得长气，祭了便得长寿。

千年没有凶兆家中，百岁没有怪异家内。

清吉居得千年，平安坐过百岁。

去寻大钱也来，去找横财也到。

致富富得千年，发家好过百岁。

神韵——

读欧这酒列拢读约欧散这酒，

Dub out zhex jiud Lieb liongb dub yod out sant zhex jiud，

列读欧然龙弄。

Lieb dub out rab longb nongb.

读约酒豆酒江，

Dub yod jiud dout jiud jiangb，

吉柔酒江酒明。

Jib roub jiud jiangb jiud miuongb.

欧达公兄，

Out dab gongb xiongb，

欧这糯然。

Out zheb nub rangx.

昂斩几锐公色，

Ghax zhad jid ruib gongb ses，

共色糯然。

Gongb ses nub rab.

欧散酒莽列扛汝苟猛豆，

Out sant jiud mangb lieb gangb rux goud mengt dout，

欧散酒卡列扛汝公猛炯。

Out sant jiud kax lieb gangb rux gongx mengt jiongx.

抓猛抓豆莎腊抓齐，

Zhuad mengt zhuad dout sax lab zhuad qit，

抓兄抓弄莎腊抓叫。

Zhuab xiongd zhuab nongx sax lab zhuab jiaob.

他弄读约欧散这酒，

Tax nongd dub yod out sant zhex jiud，

忙弄续约欧然龙弄。

Mangx nongd xud yod out rab longb nongb.

欧达酒豆酒江，

Out dab jiud dout jiud jiangb，

欧者酒江酒明。

Out zhex jiud jiangb jiud miuongb.

学西……

Xuob xid. . .

读约苟扛……

Dub yod geud gangb,

学笑……

Xuox xiaox. . .

读约苟扛……

Dub yod geud gangb. . .

几拢扛单埋浪比豆，

Jid liongb gangb dand maib nangb bid dex,

吉冲扛送埋浪比斗。

Jib chongx gangb songx maib nangb bid doub.

否服自尼埋服，

Woub fub zid nib maib fub,

否能自尼埋能。

Woub nongb zid nib maib nongb.

否服埋服，

Woub fub maib fub,

否能埋能。

Woub nongb maib nongb.

拼散埋腊几最没服，

Piongt sant maib lab jid zuib meit fub,

拼卡埋莎几最没龙。

Qiongt kax maib sax jid zuib meit nongb.

拼散苟照打鸟，

Piongt sant goud zhaob dab niaob,

拼卡苟照达弄。

Piongt kax ged zhaob dab nongx.

阿——酒——阿——酒——　　　　　　　　　　（摇铃放答）

Ab—jiux—ab—jiux—

（对酒吹一口气、吃酒。）

　　要来敬上二呈供酒，要供二献敬酒。

二呈香酒甜酒，二献甜酒蜜酒。

二碗热粑，二盘糯供。

下酒的熟肉，热粑糯供。

二呈供酒要来解病，二供干酒要来解痛。

脱病脱痛全都脱了，脱灾脱难全部脱完。

今天来敬二呈供酒，今日来供二献敬酒。

二呈香酒甜酒，二献甜酒蜜酒。

祭祀……

要来敬奉……

敬奉……

要来敬送……

端着递到你们手中，拿着送到你手内。

人喝就是你们得喝，人吃就是你们得吃。

他喝你喝，他吃你吃。

吹气齐皆来喝，吹味齐皆来吃。

吹气喝在口中，吹味吃在嘴内。

神韵——

服约欧散这酒，

Fub yod out sant zhex jiud,

服约欧然龙弄。

Fub yod out rab longb nongb.

欧达酒豆酒江，

Out dab jiud dout jiud jiangb,

欧这酒江酒明。

Out zhex jiud jiangb jiud miuongb.

得忙汝苟你茶，

Deit mangb rux goud nit cat,

度忙汝公炯汝。

Dux mangb rux gongt jiongx rux.

龙锐长江长纵大气，

Nongb ruit changb jiangb changb zongb dab qit,

龙列长江长你达写。

Nongb liex changb jiangb changb nit dab xied.

能锐首久长到先头，

Nongb ruit soud jiud changb daox xiand toub，

龙锐长江长纵木汝，

Nongb ruit changb jiangb changb zongb mub rux，

西约腊到先头麻林，

Xit yod lab daox xiand toub mab liuongb，

笑约腊到木汝麻头。

Xiaox yod lab daox mub rux mab toub.

产豆几没出格斗标，

Cant dout jid meib chud gib doub bioud，

吧就几没喂怪柔纵。

Bax jux jid meib weib guaix roub zongb.

你茶你猛产豆，

Nit cat nit mengb cant dout，

炯汝炯猛吧就。

Jiongx rux jiongx mengb bax jux.

你气葡剖葡乜，

Nit qix pub pout pub nas，

炯气葡内葡骂。

Jiongx qix pub neid pub max.

你气窝柔斗补，

Nit qit aot roub doub bub，

炯气窝图然冬。

Jiongx qit aot tub rab dongt.

你气冬林夯公，

Nit qit dongt liuongb hangb gongt，

炯气绒善夯他。

Jiongx qit rongb shait hangb tax.

阿——酒——阿——酒——   （摇铃放笤）

Ab—jiux—ab—jiux—

喝了二呈的酒，二献的供。

二呈敬酒甜酒，二献甜酒供酒。

病者好病痊愈，病人脱病安康。

吃菜甜嘴甜在肚中，吃饭香口甜在心内。

吃菜甜嘴得到延年，吃饭香口得到益寿。

敬了也得延年，祭了也得加寿。

千年没有凶兆家中，百岁没有怪异家内。

清吉居得千年，平安坐过百岁。

居来承根接祖，坐来添子发孙。

居来寿同古木，坐来寿同古树。

居来寿如南岭，坐来寿比南山。

神韵——

读补这酒，

Dub but zhex jiud，

读约补散这酒，

Dub yod but sant zhex jiud，

读扛补然龙弄。

Dub gangb but rab longb nongb.

补达酒豆酒江，

But dab jiud dout jiud jiangb，

补这酒江酒明。

But zhex jiud jiangb jiud miuongb.

补达公兄，

But dab gongb xiongb，

补这糯然。

But zheb nub rangx.

昂斩几锐公色，

Ghax zhad jid ruib gongb ses，

共色糯然。

Gongb ses nub rab.

补散酒莽告归，

But sant jiud mangb gaob guit，

补散酒卡料爬。

But sant jiud kad liaox bax.

标归长单长齐，

Bioud guit changb dand changb qit，

且爷长足长汝。

Quex yueb changb zub changb rux.

读约补散这酒，

Dub yod but sant zhex jiud，

读扛补然龙弄。

Dub gangb but rab longb nongb.

补达酒豆酒江，

But dab jiud dout jiud jiangb，

补这酒江酒明。

But zhex jiud jiangb jiud miuongb.

学西……

Xuob xid...

读约苟扛……

Dub yod geud gangb...

学笑……

Xuox xiaox...

读约苟扛……

Dub yod geud gangb...

几拢扛单埋浪比豆，

Jid liongb gangb dand maib nangb bid dex，

吉冲扛送埋浪比斗。

Jib chongx gangb songx maib nangb bid doub.

拼散埋腊几最没服，

Piongt sant maib lab jid zuib meit fub，

拼卡埋莎几最没龙。

Qiongt kax maib sax jid zuib meit nongb.

拼散苟照打鸟，

Piongt sant goud zhaob dab niaob，

拼卡苟照达弄。

Piongt kax ged zhaob dab nongx.

阿——酒——阿——酒——   （摇铃放筶）

Ab—jiux—ab—jiux—

（对酒吹一口气、吃酒。）

敬上三呈供酒，三献敬酒。
三呈香酒甜酒，三献甜酒蜜酒。
三碗热粑，三盘糯供。
下酒的熟肉，热粑糯供。
三呈供酒要来理魂，三献干酒要来赎魂。
理魂理得回来回齐，赎魂赎得回全回好。
敬上三呈供酒，敬送三献敬酒。
三呈香酒甜酒，三献甜酒供酒。
祭祀……
要来敬奉……
敬奉……
要来敬送……
端着送到你们手中，拿着送到你们手内。
吹气齐皆来喝，吹味齐皆来吃。
吹气喝在口中，吹味吃在嘴内。
神韵——

服约补散这酒，
Fub yod but sant zhex jiud,
补然龙弄。
But rab longb nongb.
补达酒豆酒江，
But dab jiud dout jiud jiangb,
补这酒江酒明。
But zhex jiud jiangb jiud miuongb.
得忙汝别长拢锐锐，
Deit mangb rux boub changb liongb ruit ruit,
度忙汝归长单让让。

Dux mangb rux guit changb dand rangx rangx.

别归长拢转嘎虫兰，

Boub guit changb liongb zhuanb giax chongb lanb，

且越长拢奈拿报长。

Quex yueb changb liongb naib nab baox changb.

别归长拢汝久汝得，

Boub guit changb liongb rux jiud rux deib，

且越长拢抓卡汝绒。

Quex yueb changb liongb zhuab kax rux rongb.

你茶你猛产豆，

Nit cat nit mengb cant dout，

炯汝炯猛吧就。

Jiongx rux jiongx daox bax jux.

阿——酒——阿——酒——　　　　　　　　　　（摇铃放筶）

Ab—jiux—ab—jiux—

喝了三呈的酒，三献的供。

三呈敬酒甜酒，三献甜酒供酒。

信士良魂转来急急，良人好魄回来忙忙。

好魂附体健康身体，气魄附身好气好力。

好魂回来附身，好魄转来护体。

清吉居得千年，平安坐过百岁。

神韵——

读比这酒，

Dub bit zhex jiud，

读约比散这酒，

Dub yod bit sant zhex jiud，

读扛比然龙弄。

Dub gangb bit rab longb nongb.

比达酒豆酒江，

Bit dab jiud dout jiud jiangb，

比这酒江酒明。

Bit zhex jiud jiangb jiud miuongb.

比达公兄，

Bit dab gongb xiongb，

比这糯然。

Bit zheb nub rangx。

昂斩几锐公色，

Ghax zhad jid ruib gongb ses，

共色糯然。

Gongb ses nub rab.

比散酒莽他数，

Bit sant jiud mangb tad sud，

比散酒卡他那。

Bit sant jiud kad tad liax.

他数他半洞久，

Tad sud tad banb dongb jub，

将那将久洞半。

Jiangx laix jiangx jub dongb banb.

读约比散这酒，

Dub yod bit sant zhex jiud，

读扛比然龙弄。

Dub gangb bit rab longb nongb.

比散酒豆酒江，

Bit sant jiud dout jiud jiangb，

比散酒江酒明。

Bit sant jiud jiangb jiud miuongb.

学西拔竹岭豆几内，

Xuob xid pead zhus liongs dout jid neb，

读约苟扛拔竹岭豆几内。

Dub yod geud gangb pead zhus liongs dongt jid neb.

学笑浓竹岭且吉虐，

Xuox xiaox niongx zhus liongs quex jib nus，

读约苟扛浓竹林且吉虐。

Dub yod geud gangb niongx zhus liongs quex jib nus.

(学西拔竹岭豆布目，

(Xuox xid pead zhus liongs dout bub mus,

读约苟扛拔竹岭豆布目。

Dub yod geud gangb pead zhus liongs dout bub mus.

学笑浓竹岭且则厄，

Xuox xiaox niongx zhus liongs quex zeid gied,

读约苟扛浓竹林且则厄。)

Dub yod geud gangb niongx zhus liongs quex zeid gied.)

几拢扛单埋浪比豆，

Jid liongb gangb dand maib nangb bid dex,

吉冲扛送埋浪比斗。

Jib chongx gangb songx maib nangb bid doub.

否服自尼埋服，

Woub fub zid nib maib fub,

否能自尼埋能。

Woub nongb zid nib maib nongb.

否服埋服，

Woub fub maib fub,

否能埋能。

Woub nongb maib nongb.

拼散埋腊几最没服，

Piongt sant maib lab jid zuib meit fub,

拼卡埋莎几最没龙。

Qiongt kax maib sax jid zuib meit nongb.

拼散苟照打鸟，

Piongt sant goud zhaob dab niaob,

拼卡苟照达弄。

Piongt kax ged zhaob dab nongx.

阿——酒——阿——酒——　　　　　　　　（摇铃放答）

Ab—jiux—ab—jiux—

（对酒吹一口气、吃酒。）

敬上四呈供酒，敬献四献敬酒。

四呈香酒甜酒，四献甜酒蜜酒。

四碗热粑，四盘糯供。

下酒的熟肉，热粑糯供。

四呈供酒要来脱枷，四献干酒要来解索。

脱枷全已脱了，解索全部解完。

敬上四呈供酒，上这四献敬酒。

四呈香酒甜酒，四献甜酒供酒。

祭祀最古的白天女车祖，

敬供最古的白天女车祖，

敬奉最老的白日男车神，

敬送最老的白日男车神。

（祭祀最古的夜晚女车祖，

敬供最古的夜晚女车祖，

敬奉最老的夜晚男车神。

敬送最老的夜晚男车神。）

端着递到你们手中，拿着送到你们手内。

人喝就是你们得喝，人吃就是你们得吃。

他喝你喝，他吃你吃。

吹气齐皆来喝，吹味齐皆来吃。

吹气喝在口中，吹味吃在嘴内。

神韵——

服约比散这酒，

Fub yod bit sant zhex jiud,

比然龙弄。

Bit rab longb nongb.

比达酒豆酒江，

Bit dab jiud dout jiud jiangb,

比这酒江酒明。

Bit zhex jiud jiangb jiud miuongb.

向剖向乜他数抓数，

Xiangt pout xiangt nias tad sud zhuax sud,

向内向骂将那抓那。

Xiangt neid xiangt max jiangx liax zhuax liax.

阿标林休他数抓数，

Ab bioud liuongb xut tad sud zhuax sud,

阿竹共让将那抓那。

Ab zhub gongx rangx jiangx liax zhuax liax.

再斗阿产欧谷标，

Zaix doub ad cant out guob bioud,

内浪阿吧欧谷竹。

Neib nangb ab bax out guob zhub.

产谷产标他数抓数，

Cant guob cant bioud tad sud zhuax sud,

吧谷吧竹将那抓那。

Bax guob bax zhub jiangx liax zhuax liax.

产内久斗数洞数恩，

Cant neib jud doub sud dongb sud engb,

吧内久斗数首数闹。

Bax neib jud doub sud sout soud liuaot.

西约腊到先头，

Xid yod lab daox xiand toub,

笑约腊到木汝。

Xiaox yod lab daox mub rux.

产豆几没出格斗标，

Cant dout jid meib chud gib chub bioud,

吧就几没喂怪柔纵。

Bax jux jid meib weib guaix roub zongb.

你茶你猛产豆，

Nit cat nit mengb cant dout,

炯汝炯猛吧就。

Jiongx rux jiongx mengb bax jux.

出见吾见腊拢，

Chud jianb wub jianb lab liongb,

出汝吾嘎腊到。

Chud rux wub giad lab daox.

出话岭娘产豆，

Chud huat liuongt niangb cant dout，

出岭汝猛吧就。

Chud liuongt rux mengb bax jux.

阿——酒——阿——酒——　　　　　　　　（摇铃放答）

Ab—jiux—ab—jiux—

喝了四呈的酒，四献的供。

四呈敬酒甜酒，四献甜酒供酒。

祖公祖婆脱锁已了，先母先父解索已完。

一家大小脱锁已了，一屋老幼解索已完。

再有一千二百家，房族一百二十户。

房族人等脱锁已了，叔伯弟兄解索已完。

千人解了铜锁铁锁，百众脱了铜链铁链。

敬了便得长气，祭了便得长寿。

千年没有凶兆家中，百岁没有怪异家内。

清吉居得千年，平安坐过百岁。

做成大钱也来，做好横财也到。

做大富得千年，做强好过百岁。

神韵——

读约便散这酒，

Dub yod biat sant zhex jiud，

读扛便然龙弄。

Dub gangb biat rab longb nongb.

便达酒豆酒江，

Biat dab jiud dout jiud jiangb，

便这酒江酒明。

Biat zhex jiud jiangb jiud niongb.

便达公兄，

Biat dab gongb xiongb，

便这糯然。

Biat zheb nub rangx。

昂斩几锐公色，

Ghax zhad jid ruib gongb ses，

共色糯然。

Gongb ses nub rab.

便散酒莽周先，

Biat sant jiud mangb zhoub xiand，

便散酒卡良木。

Biat sant jiud kad liab mub.

周先莎到先头麻林，

Zhoub xiand sax daox xiand toub mab liuongb，

良木莎到木汝麻头。

Liab mub sax daox mub rux mab toub.

读约便散这酒，

Dub yod biat sant zhex jiud，

读扛便然龙弄。

Dub gangb biat rab longb nongb.

便达酒豆酒江，

Biat dab jiud dout jiud jiangb，

便这酒江酒明。

Biat zhex jiud jiangb jiud miuongb.

学西……

Xuob xid...

读约苟扛……

Dub yod geud gangb...

学笑……

Xuox xiaox...

读约苟扛……

Dub yod geud gangb...

几拢扛单埋浪比豆，

Jid liongb gangb dand maib nangb bid dex，

吉冲扛送埋浪比斗。

Jib chongx gangb songx maib nangb bid doub.

否服自尼埋服，

Woub fub zid nib maib fub,

否能自尼埋能。

Woub nongb zid nib maib nongb.

否服埋服，

Woub fub maib fub,

否能埋能。

Woub nongb maib nongb.

拼散埋腊几最没服，

Piongt sant maib lab jid zuib meit fub,

拼卡埋莎几最没龙。

Qiongt kax maib sax jid zuib meit nongb.

拼散苟照打鸟，

Piongt sant goud zhaob dab niaob,

拼卡苟照达弄。

Piongt kax ged zhaob dab nongx.

阿——酒——阿——酒——   （摇铃放答）

Ab—jiux—ab—jiux—

（对酒吹一口气、吃酒。）

    敬上五呈供酒，敬供五献敬酒。

    五呈香酒甜酒，五献甜酒蜜酒。

    五碗热粑，五盘糯供。

    下酒的熟肉，热粑糯供。

    五呈供酒要来留气，五献干酒要来赐福。

    留气也得长气长命，赐福也得大福洪福。

    敬上五呈供酒，敬供五献敬酒。

    五呈香酒甜酒，五献甜酒供酒。

    祭祀……

    要来敬奉……

    敬奉……

    要来敬送……

端着递到你们手中，拿着送到你们手内。

人喝就是你们得喝，人吃就是你们得吃。

他喝你喝，他吃你吃。

吹气齐皆来喝，吹味齐皆来吃。

吹气喝在口中，吹味吃在嘴内。

神韵——

服约便散这酒，

Fub yod biat sant zhex jiud,

便然龙弄。

Biat rab longb nongb.

便达酒豆酒江，

Biat dab jiud dout jiud jiangb,

便这酒江酒明。

Biat zhex jiud jiangb jiud miuongb.

得忙几洞先头腊到先头，

Deit mangb jid dongb xiand toub lab daox xiand toub,

度忙吉良木汝莎到木汝。

Dux mangb jib liab mub rux sax daox mub rux.

西约腊到先头麻林，

Xiud yod lab daox xiand toub mab liuongb,

照弄求猛你娘产豆。

Zhaob nongd quix mengb nit niangb cant dout.

笑约腊到木汝麻头，

Xiaox yod lab daox mub rux mab toub,

照弄求猛炯挂吧就。

Zhaob nongd quix mengb jiongx guax bax jux.

阿标林休，

ab bioud liuongb xiut,

你气葡剖葡乜。

Nit qix pub pout pub nis.

阿竹共让，

Ad zhub gongx rangx,

炯气葡内葡骂。

Jiongx qix pub neid pub max.

你气窝柔斗补，

Nit qit aot roub doub bub,

炯气窝图然冬。

Jiongx qit aot tub rab dongt.

你气冬林夯公，

Nit qit dongt liuongb hangb gongt,

炯气绒善夯他。

Jiongx qit rongb shait hangb tax.

产豆几没出格斗标，

Cant dout jid meib chud gib doub bioud,

吧就几没喂怪柔纵。

Bax jux jid meib weib guaib roub zongb.

你茶你猛产豆，

Nit cat nit mengb cant dout,

炯汝炯猛吧就。

Jiongx rux jiongx mengb bax jux.

阿——酒——阿——酒——　　　　　　　　（摇铃放筶）

Ab—jiux—ab—jiux—

　　喝了五呈的酒，五献的供。

　　五呈敬酒甜酒，五献甜酒供酒。

　　主家祈福也得增福延寿，主人祈祷也获长命洪福。

　　敬了便得长气长命，从今以后坐得千年。

　　祭了便得洪福长寿，从此以后坐过百岁。

　　一家大小，居来承根接祖。

　　一屋老幼，坐来添子发孙。

　　居来寿同古木，坐来寿同古树。

　　居来寿如南岭，坐来寿比南山。

　　千年没有凶兆家中，百岁没有怪异家内。

　　清吉居得千年，平安坐过百岁。

　　神韵——

读照这酒，

Dub zhaob zhex jiud，

读约照散这酒，

Dub yod zhaob sant zhex jiud，

读扛照然龙弄。

Dub gangb zhaob rab longb nongb.

照达酒豆酒江，

zhaox dab jiud dout jiud jiangb，

照这酒江酒明。

Zhaox zhex jiud jiangb jiud miuongb.

照达公兄，

Zhaob dab gongb xiongb，

照这糯然。

Zhaob zheb nub rangx。

昂斩几锐公色，

Ghax zhad jid ruib gongb ses，

共色糯然。

Gongb ses nub rab.

照散酒莽休力，

Zhaox sant jiud mangb xiut lib，

照散酒卡油状。

Zhaox sant jiud kax yub zhuangl.

休力休闹乙热内补，

Xiut lib xiut laox yib reb neib bub，

油状油嘎以然内冬。

Yub zhuangl yub giax yib ranb neib dongt.

列休加绒加棍，

Lieb xiut jiad rongb jiad gunt，

列油加皮加细。

Lieb yub jiad bix jiad xix.

列休加梦加豆，

Lieb xiut jiad mengt jiad dout，

列休加章加萨。

Lieb xiut jiad zhuangb jiad sad.

列休加事加录，

Lieb xiut jiad six jiad nub，

列休加内加总。

Lieb xiut jiad neib jiad zongb.

列休就达白见，

Lieb xiut jub dab beid jianb，

列休就挂袍嘎。

Lieb xiut jiub guax paox giax.

几齐休闹乙热内补，

Jid qit xiut laox yib reb neib bub，

吉叫油嘎以然内冬。

Jib jiaob yub giax yib rab neib dongt.

休猛几齐，

Xiut mengb jid qit，

油猛吉叫。

Yub mengb jib jiaob.

照散这酒，

Zhaox sant zhex jiud，

照然龙弄。

Zhaox rab longb nongb.

酒豆酒江，

Jiud dout jiud jiangb，

酒江酒明。

Jiud jiangb jiud miuongb.

学西……

Xuob xid...

读约苟扛……

Dub yod geud gangb...

学笑……

Xuox xiaox...

读约苟扛……

Dub yod geud gangb...

几拢扛单埋浪比豆，

Jid liongb gangb dand maib nangb bid dex，

吉冲扛送埋浪比斗。

Jib chongx gangb songx maib nangb bid doub.

否服自尼埋服，

Woub fub zid nib maib fub，

否能自尼埋能。

Woub nongb zid nib maib nongb.

否服埋服，

Woub fub maib fub，

否能埋能。

Woub nongb maib nongb.

拼散埋腊几最没服，

Piongt sant maib lab jid zuib meit fub，

拼卡埋莎几最没龙。

Qiongt kax maib sax jid zuib meit nongb.

拼散苟照打鸟，

Piongt sant goud zhaob dab niaob，

拼卡苟照达弄。

Piongt kax ged zhaob dab nongx.

阿——酒——阿——酒——　　　　　　　　（摇铃放答）

Ab—jiux—ab—jiux—

（对酒吹一口气、吃酒。）

　　　敬上六呈供酒，敬供六献敬酒。

　　　六呈香酒甜酒，六献甜酒蜜酒。

　　　六碗热粑，六盘糯供。

　　　下酒的熟肉，热粑糯供。

　　　六呈供酒要驱凶神，六献敬酒要赶恶煞。

　　　凶神驱去他乡别里，恶煞赶去他地别处。

　　　全都驱走，统统赶掉。

　　　要驱凶神恶鬼，要赶坏梦噩梦。

要驱顽疾恶病，要赶官非口舌。

要驱灾难祸害，要赶凶贼恶人。

要驱失财破米，要赶晦气恼气。

全都驱去他乡别里，全部赶去他地别处。

六呈供酒，六献敬酒。

香酒甜酒，甜酒蜜酒。

祭祀……

要来敬奉……

敬奉……

要来敬送……

拿着敬到你们手中，拿着送到你们手内。

人喝就是你们得喝，人吃就是你们得吃。

他喝你们得喝，他吃你们得吃。

吹气齐皆来喝，吹味齐皆来吃。

吹气喝在口中，吹味吃在嘴内。

神韵——

服约照散这酒，

Fub yod zhaox sant zhex jiud,

照然龙弄。

Zhaox rab longb nongb.

照达酒豆酒江，

Zhaox dab jiud dout jiud jiangb,

照这酒江酒明。

Zhaox zhex jiud jiangb jiud miuongb.

休力休猛乙热内补，

Xiut lib xiut mengb yib reib neib bub,

油章油闹依然内冬。

Yub zhungb yub laox yib rab neib dongt.

吉标几没几绵，

Jib bioud jid meib miangb,

几竹几没吉乡。

Jid zhub jid meib jib xiangd.

吉标茶高善善，

Jib bioud cat gaod shait shait,

几竹明汝忙忙。

Jid zhub miuongb rux mangb mangb.

茶高善善汝你，

Cat gaod shait shait rux nit,

明汝忙忙汝炯。

Miuongb rux mangb mangb rux jiongx.

产豆几没出格斗标，

Cant dout jid meib chud gib doub bioud,

吧就几没喂怪柔纵。

Bax jux jid meib weib guaix roub zongb.

你茶你猛产豆，

Nit cat nit mengb cant dout,

炯汝炯猛吧就。

Jiongx rux jiongx mengb bax jux.

出见吾见腊拢，

Chud jianb wut jianb lab liongb,

出汝吾嘎腊到。

Chud rux wut giad lab daox.

出话岭娘产豆，

Chud huat liuongt niangb cant dout,

出求汝猛吧就。

Chud quix rux mengb bax jux.

阿——酒——阿——酒——　　　　　　　　　　（摇铃放笤）

Ab—jiux—ab—jiux—

喝了六呈的酒，六献的供。

六呈敬酒甜酒，六献甜酒供酒。

凶神驱去他乡别里，恶煞赶去他地别处。

家中没有醒龊，家内没有垃圾。

家中干干净净，家内清清白白。

干干净净好居，清清白白好住。

千年没有凶兆家中，百岁没有怪异家内。

清吉居得千年，平安坐过百岁。

做好大钱也来，做大横财也到。

做大富得千年，做强好过百岁。

神韵——

读炯这酒、

Dub jiongb zhex jiud、

读约炯散这酒，

Dub yod jiongb sant zhex jiud，

阿然龙弄。

Ad rab longb nongb.

酒豆酒江，

Jiud dout jiud jiangb，

酒江酒明。

Jiud jiangb jiud miuongb.

炯达公兄，

Jiongb dab gongb xiongb，

炯这糯然。

Jiongb zheb nub rangx.

昂斩几锐公色，

Ghax zhad jid ruib gongb ses，

共色糯然。

Gongb ses nub rab.

炯散酒莽几洞先头，

Jiongb sant jiud mangb jid dongb xiand toub，

炯散酒卡吉良木汝。

Jiongb sant jiu kad jib liab mub rux.

几洞先头，

Jid dongb xiand toub，

阿标林休几最莎到先头。

Ad bioud liuongb xut jid zuib sax daox xiand toub.

吉良木汝，

Jib liax mub rux，

阿竹共让几最莎到木汝。

Ad zhub gongx rangx jid zuib sax daox mub rux.

西约列扛汝苟猛豆，

Xid yod lieb gangb rux goud mengb dout，

笑约列扛汝公猛炯。

Xiaox yod lieb gangb rux gongt mengb jiongx.

西吾长拢朋服，

Xit wut changb liongb bengb fub，

西列长拢朋龙。

Xit liex changb liongb bengb nongb.

龙锐长你打起，

Nongb ruit changb nit dab qit，

龙列长纵达写。

Nongb liex changb zongb dab xied.

龙锐长拢江嘎，

Nongb ruit changb liongb jiangb giad，

龙列长拢江记。

Nongb liex changb longb jiangb jib.

求绒水单，

Quix rongb shuit dand，

闹夯水送。

Laox hangb shuit songx.

西约娘萨，

Xit yod niangb sax，

笑约娘章。

Xiaox yod niangb zhuangb.

娘萨娘猛产豆，

Niangb sad niangb mengb cant dout，

娘章娘猛吧就。

Niangb zhuangb niangb mengb bax jux.

标西几扛长周，

Bioud xit jid gangb changb zhout，

窝潮几扛长干。

Zox zao jid gangb changb ganb.

出格久长斗标，

Chub gib jud changb doub bioud，

喂怪久长柔纵。

Weib guaix jud changb roub zongb.

娘萨娘猛产豆，

Niangb sad niangb mengb cant dout，

娘章娘猛吧就。

Niangb zhuangb niangb mengb bax jux.

炯散这酒，

Jiongx sant zhex jiud，

炯然龙弄。

Jiongx rab longb nongb.

酒豆酒江，

Jiud dout jiud jiangb，

酒江酒明。

Jiud jiangb jiud miuongb.

学西……

Xuob xid...

读约苟扛……

Dub yod geud gangb...

学笑……

Xuox xiaox...

读约苟扛……

Dub yod geud gangb...

几拢扛单埋浪比豆，

Jid liongb gangb dand maib nangb bid dex，

吉冲扛送埋浪比斗。

Jib chongx gangb songx maib nangb bid doub.

拼散埋腊几最没服，

Piongt sant maib lab jid zuib meit fub，

拼卡埋莎几最没龙。

Qiongt kax maib sax jid zuib meit nongb.

拼散苟照打鸟，

Piongt sant goud zhaob dab niaob,

拼卡苟照达弄。

Piongt kax ged zhaob dab nongx.

阿——酒——阿——酒——   （摇铃放筶）

Ab—jiux—ab—jiux—

（对酒吹一口气、吃酒。）

要来敬上七呈供酒，七献敬酒。

香酒甜酒，甜酒蜜酒。

七碗热粑，七盘糯供。

下酒的熟肉，热粑糯供。

七呈供酒来换长气，七献敬肉来换长寿。

来换长气，一家大小都得长气。

来换长寿，一屋老幼皆得长寿。

今天喝了七呈供酒，七献敬酒。

喝了要送好疾好病，吃了要送好病好痛。

渴水转来想喝，饿饭转来想吃。

吃菜转来坐肚，吃饭转来肥肠。

吃菜转来得甜，吃饭转来得香。

上坡得到，下山得临。

敬了要送得好，祭了要送得灵。

好要好得千年，安要安得百载。

凶异不转家里，凶怪不现家内。

看水碗不许再见恶煞，问米卜不准再现恶鬼。

祭了要送准得千年，敬了要送安得百载。

七呈供酒，七献敬酒。

祭祀……

要来敬奉……

敬奉……

要来敬送……

端着送到你们手中，拿着送到你们手内。

吹气齐皆来喝，吹味齐皆来吃。

吹气喝在口中，吹味吃在嘴内。

神韵——

列拢读约乙（照）散这酒，

Leb longs dub yod yib（zhaob）sant zheux jiud，

乙（照）然龙弄。

Yib（zhaob）rab longs nongx.

酒豆酒江，

Jiud dout jiud jiangb，

酒江酒明。

Jiud jiangb jiud miongb.

乙（照）达公兄，

Yid（zhaob）dab gongb xiongb，

乙（照）这糯然。

Yid（zhaob）zheb nub rangx.

昂斩几锐公色，

Ghax zhad jid ruib gongb ses，

共色糯然。

Gongb ses nub rab.

乙（照）散酒忙几洞先头，

Yib（zhaob）sant jiud mangb jid dongb xiand toub，

乙（照）散昂忙吉良木汝。

Yib（zhaob）sant gheab mangb jib lieax mus rux.

几洞先头，

Jid dongb xiand doub，

阿标林休几最莎到先头。

Ab bioud liongs xut jid zuib seax daox xiand toub.

吉良木汝，

Jid lieax mus rux，

阿竹共让几最莎到木汝。

Ad zhus gongx rangx jid zuib seax daox mus rux.

他拢服约炯散这酒，

Teax nongd fub yod jiongb sant zheux jiud,

炯然龙弄。

Jiongb rab longs nongx.

西约列扛汝苟猛豆，

Xid yod leb gangb rux goud mengt dout,

笑约列扛汝公猛炯。

Xiaox yod leb gangb rux gongt mengb jiongx.

西吾长拢朋服，

Xit wut changb longs bengt fub,

西列长拢朋龙。

Xit lex changb longs bengt nongb.

龙锐长你打起，

Nongb ruit changb nil dat qit,

龙列长纵达写。

Nongb lex changb zongb dab xied.

龙锐长拢江嘎，

Nongb ruit hangb longs jiangx geax,

龙列长拢江记。

Nongb lex changb longs jiangx jid.

求绒水单，

Quix rongs shuit dand,

闹夯水送。

Laox hangb shuit songx.

西约娘萨，

Xid yod niangb sead,

笑约娘章。

Xiaox yod niangb zhuangb.

娘萨娘猛产豆，

Niangb sead niangb mengb cant dout,

娘章娘猛吧就。

Niangb zhuangb niangb mengb beax jux.

乙（照）散这酒，

Yib（zhaob）sant zheux jiud,

乙（照）然龙弄。

Yib（zhaob）rab longs nongx.

酒豆酒江,

Jiud dout jiud jiangb,

酒江酒明。

Jiud jiangb jiud miongb.

拼散埋腊几最没服,

Piongt sant maib leas jid zuib met fud,

拼卡埋莎几最没龙。

Piongt keax maib seax jid zuib met nongb.

拼散苟照打鸟,

Piongt sant geud zhaob dad niaob,

拼卡苟照达弄。

Piongt keax geud zhaob dab nongx.

阿酒——阿酒。   （摇铃放答）

Ab jiux—ab jiux.

要来敬上八（六）呈供酒,八（六）献敬酒。^①

香酒甜酒,甜酒蜜酒。

八（六）碗热粑,八（六）盘糯供。

下酒的熟肉,热粑糯供。

八（六）呈供酒来换长气,八（六）献敬肉来换长寿。

来换长气,一家大小都得长气。

来换长寿,一屋老幼皆得长寿。

今天喝了八（六）呈供酒,八（六）献敬酒。

喝了要送好疾好病,吃了要送好病好痛。

渴水转来想喝,饿饭转来想吃。

吃菜转来坐肚,吃饭转来肥肠。

吃菜转来得甜,吃饭转来得香。

上坡得到,下山得临。

敬了要送得好,祭了要送得灵。

好要好得千年,安要安得百载。

祭了清吉千年，敬了平安百载。

八（六）呈供酒，八（六）献敬酒。

吹气齐皆来喝，吹味齐皆来吃。

吹气喝在口中，吹味吃在嘴内。

神韵——

注：①八（六）——敬白天车祖神是九碗酒，而敬夜晚车祖神只有七碗酒，其中第八碗和第六碗都是倒数第二碗酒。下一篇神辞中的九（七），指的是最后一碗酒，它是敬给祖师等东道主神的。

在火炉边给家祖神敬酒的摆设场景（石开森摄）

（最后一碗酒）

列拢读约纠（炯）散这酒，

Leb longs dub yod jiub（jiongx）sant zheux jiud，

纠（炯）然龙弄。

Jiub（jiongx）rab longs nongx.

酒豆酒江，

Jiud dout jiud jiangb，

酒江酒明。

Jiud jiangb jiud miongb

纠（炯）达公兄，

Jiub（jiongx）dab gongb xiongb，

纠（炯）这糯然。

Jiub（jiongx）zheb nub rangx.

昂斩几锐公色，

Ghax zhad jid ruib gongb ses，

共色糯然。

Gongb ses nub rab.

纠（炯）散酒莽几洞先头，

Jiub（jiongx）sant jiud mangb jid dongb xiand toub，

纠（炯）散昂忙吉良木汝。

Jiub（jiongx）sant gheab mangb jib lieax mus rux.

几洞先头，

Jid dongb xiand doub，

阿标林休几最莎到先头。

Ab bioud liongs xut jid zuib seax daox xiand toub.

吉良木汝，

Jid lieax mus rux，

阿竹共让几最莎到木汝。

Ad zhus gongx rangx jid zuib seax daox mus rux.

纠（炯）散这酒，

Jiub（jiongx）sant zheux jiud，

纠（炯）然龙弄。

Jiub（jiongx）rab longs nongx.

酒豆酒江，

Jiud dout jiud jiangb，

酒江酒明。

Jiud jiangb jiud miongb.

纠(炯)达公兄，

Jiux（jiongx）dab gongb xiongb，

纠(炯)这糯然。

Jiux（jiongx）zheb nub rangx.

昂斩几锐公色，

Ghax zhad jid ruib gongb ses，

共色糯然。

Gongb ses nub rab.

读约苟扛便告斗补，

Dub yod geud gangb bieat ghaox doub bub，

照告然冬，

Zhaox ghaox rab dongt，

棍缪棍昂，

Ghunt mioud ghunt gheab，

得寿产娥棍空，

Deb sheut cant eb ghunt kongt，

傩汝吧图棍得。

Nus rux bax tub ghunt deb.

服约埋列告见，

Fud yod maib leb ghaod jianb，

龙约埋列送嘎。

Nongb yod maib leb songx gieax.

读约苟扛太棍共米、

Dub yod geud gangb rab niaob tait gunt gongx mit、

公加、首关、四贵，　　　　　（巳宫、辰宫、酉宫、寅宫诀）

Gongd jiad、shoud guand、six giux，

太棍米章、巴高、国峰、明鸿，　　（午宫、戌宫、巳宫、卯宫诀）

Taix gunt mit zhuangd、bad gaod、guob fengd、mingb hongx，

太棍仕贵、后保、 　　　　　　　　（巳宫、申宫诀）

tait gunt shid giux、houx baod,

苟太光珍、勇贤、 　　　　　　　　（申宫、戌宫诀）

Goud taix guangd zhengd、yongd xianb、

光三、老七、跃恩、 　　　　　　（卯宫、巳宫、申宫诀）

Guangd sand、laod qib、yiex engd,

苟太席乙、江远、林花、老苟、　（未宫、卯宫、子宫、午宫诀）

Goud taib Xib yix、jiangd yand、linb huad、laod goud、

共四、老弄、 　　　　　　　　　　（辰宫、寅宫诀）

Gongx six、laod nongt,

千由、天才、炯容、同兰、 　　（丑宫、巳宫、酉宫、亥宫诀）

Qiand youb、tianb caib、jiongx rongb、tongb lan,

苟太强贵、龙贵、 　　　　　　　　（亥宫、丑宫诀）

Goud taib qiangb giux、longb giux、

光合、冬顺、得水、 　　　　　　（卯宫、申宫、未宫诀）

Guangd hob、dongd shunx、deib shiut,

苟剖双全, 苟剖长先、 　　　　　　（未宫，午宫诀）

Goud bout shuangd quanb, goud bout changb xiand,

苟打二哥、那那…… 　　　　　　　（酉宫、辰宫诀）

Goud dad erx ged、nat nat...

补谷阿柔告寿,

But guot ad roub gaot shout,

补谷欧柔告德。

But guob out roub gaot deit.

补产葵忙告见,

But chanx kiub mangb gaot jianb,

补吧录忙送嘎。

But bad lub mangb songx giax.

抓葡几最吉走,

Zhuad pux jid ziub jib zoub,

寿葡吉走吉板。

Shoux pux jid zoub jib banb.

告见几扛几白纠录乙苟,

Ghaod jianb jid gangb jid bed jiud lus yib goud,

送嘎几扛热然谷叉图公。

Songx gieax jid gangb reb rab guob chad tux gongx.

告见扛单,

Ghaod jianb gangb dand,

送嘎扛送。

Songx gieax gangb songx.

纠(炯)散这酒,

Jiub (jiongx) sant zheux jiud,

纠(炯)然龙弄。

Jiub (jiongx) rab longs nongx.

酒豆酒江,

Jiud dout jiud jiangb,

酒江酒明。

Jiud jiangb jiud miongb.

拼散埋腊几最没服,

Piongt sant maib leas jid zuib met fud,

拼卡埋莎几最没龙。

Piongt keax maib seax jid zuib met nongb.

拼散苟照打鸟,

Piongt sant geud zhaob dad niaob,

拼卡苟照达弄。

Piongt keax geud zhaob dab nongx.

阿酒——阿酒。   (摇铃放答)

Ab jiux—ab jiux.

要来敬上九(七)呈供酒,九(七)献敬酒。

香酒甜酒,甜酒蜜酒。

九(七)碗热粑,九(七)盘糯供。

下酒的熟肉,热粑糯供。

九(七)呈供酒来换长气,九(七)献供肉来换长寿。

来换长气,一家大小皆得长气,

来换长寿,一屋老幼皆得长寿。

九(七)呈供酒,九(七)献敬酒。

香酒甜酒,甜酒蜜酒。

九(七)呈热粑,九(七)献糯粑,

还有供菜供肉,还有下粑的菜。

要来敬上五方土地,

六面龙神,鱼神肉神,

弟子的千位祖师,尊敬的百位宗师。

要来敬送——

祖太共米、共甲、仕官、四贵,

祖太明章、巴高、国峰、明鸿,

祖太仕贵、后宝,

祖太永顺、永现、光朱、老七、光林,

祖太席玉、江远、林华、老苟、共四、老弄,

千有、千财、进荣、腾兰,

祖太强贵、龙贵、光合、冬顺、得水。

叔公双全,祖公长先,

外祖二哥、大大……

三十一代祖师,三十二代弟子。

三千祖师交钱,查名皆齐皆遍。

三百度纸宗师,点字皆遍皆全。

喝了你们要去交钱,吃了你们要去度纸。

交钱不许漏落九条路头,度纸不要漏散十岔路尾。

交钱得过,度纸得明。[①]

九(七)呈供酒,九(七)献敬酒。

香酒甜酒,甜酒蜜酒。

吹气齐皆来喝,吹味齐皆来吃。

吹气喝在口中,吹味吃在嘴内。

神韵——

注:①交钱得过,度纸得明——交钱度纸,宗教术语,指主持祭祀仪式的活动。得过、得明指祭祀要灵、要准,要达到祭祀之目的。

读得纵浪酒·Dub det zongb nangb jiud·敬小桌上的酒

(小桌上共有五碗酒，前四碗是敬送给神灵的，最后一碗是敬送给祖师棍空的。)

读约阿散这酒，

Dub yod ad sant nangb jiud,

阿然龙弄。

Ad rab longs nongx.

酒豆酒江，

Jiud dout jiud jiangb,

酒江酒明。

Jiud jiangb jiud miongb.

阿达公兄，

Ad dab gongb xiongb,

阿这糯然。

Ad zheb nub rangx.

昂斩几锐公色，

Ghax zhad jid ruib gongb ses,

共色糯然。

Gongb ses nub rab.

阿散酒莽几洞先头，

Ad sant jiud mangb jid dongb xiand toub,

阿散昂忙吉良木汝。

Ad sant gheab mangb jid lieax mus rux.

几洞先头，

Jid dongb xiand doub,

阿标林休几最莎到先头。

Ab bioud liongs xut jid zuib seax daox xiand toub.

吉良木汝，

Jid lieax mus rux，

阿竹共让几最莎到木汝。

Ad zhus gongx rangx jid zuib seax daox mus rux.

阿散这酒，

Ad sant zheux jiud，

阿然龙弄。

Ad rab longs nongx.

酒豆酒江，

Jiud dout jiud jiangb，

酒江酒明。

Jiud jiangb jiud miongb.

学西……

Xuob xid...

读约苟扛……

Dub yod geud gangb...

学笑……

Xuox xiaox...

读约苟扛……

Dub yod geud gangb...

拼散埋腊几最没服，

Piongt sant maib leas jid zuib met fud，

拼卡埋莎几最没龙。

Piongt keax maib seax jid zuib met nongb.

拼散苟照打鸟，

Piongt sant geud zhaob dad niaob，

拼卡苟照达弄。

Piongt keax geud zhaob dab nongx.

阿酒——阿酒。 （摇铃放答）

Ab jiux—ab jiux.

敬上一呈供酒，一献敬酒。

香酒甜酒，甜酒蜜酒。

一碗热粑，一盘糯供。

下酒的熟肉，热粑糯供。

一呈供酒来换长气，一献供酒来换长寿。

来换长气，一家大小皆得长气。

来换长寿，一屋老幼皆得长寿。

一呈供酒，一献敬酒。

香酒甜酒，甜酒蜜酒。

祭祀……

要来敬奉……

敬奉……

要来敬送……

吹气齐皆来喝，吹味齐皆来吃。

吹气喝在口中，吹味吃在嘴内。

神韵——

读约欧散这酒，

Dub yod out sant zheux jiud,

欧然龙弄。

Out rab longs nongx.

酒豆酒江，

Jiud dout jiud jiangb,

酒江酒明。

Jiud jiangb jiud miongb.

欧达公兄，

Out dab gongb xiongb,

欧这糯然。

Out zheb nub rangx.

昂斩几锐公色，

Ghax zhad jid ruib gongb ses,

共色糯然。

Gongb ses nub rab.

欧散酒莽休力，

Out sant jiud mangb tid lib,

欧散昂忙油章。

Out sant gheab mangb youb zhuangb.

休力洞久，

Xiud lib dongb jub,

油章洞半。

Youb zhuangb dongb banb.

酒豆酒江，

Jiud dout jiud jiangb,

酒江酒明。

Jiud jiangb jiud miongb.

学西内棍青，

Xuob xid ned ghunt qiongd,

骂棍留

Max ghunt liu

内和和，

Ned huob huob,

骂格格。

Max gib gib.

纠舍斗妻郎苟，

Jiub shet doub qud liangd geub,

弄力郎绒。

Nongx lis liangb rongb.

（炯舍斗妻郎苟，

（Jiongx shet doub qud liangb geub,

弄力郎绒。）

Nongx lis liangb rongb. ）

偷楼归容，

Toud loub guil rongb,

松梅千曹。

Songd meb qiand caob.

读约苟扛内棍青，

Dub yod geud gangb neb ghunt qiongd,

骂棍留。

Max ghunt liu.

内和和，

Ned huob huob,

骂格格。

Max gib gib.

纠舍斗妻郎苟，

Jiub shet doub qud liangd geub,

弄力郎绒。

Nongx lis liangb rongb.

（炯舍斗妻郎苟，

（Jiongx shet doub qud liangb geub,

弄力郎绒。）

Nongx lis liangb rongb. ）

偷楼归容，

Toud loub guil rongb,

松梅千曹。

Songd meb qiand caob.

拼散埋腊几最没服，

Piongt sant maib leas jid zuib met fud,

拼卡埋莎几最没龙。

Piongt keax maib seax jid zuib met nongb.

拼散苟照打鸟，

Piongt sant geud zhaob dad niaob,

拼卡苟照达弄。

Piongt keax geud zhaob dab nongx.

阿酒——阿酒。　　　　　　　　　　　（摇铃放答）

Ab jiux—ab jiux.

　　敬上二呈供酒，二献敬酒。

　　香酒甜酒，甜酒蜜酒。

　　二碗热粑，二盘糯供。

　　下酒的熟肉，热粑糯供。

　　二呈供酒收灾，二献供酒消煞。

收灾已了，消煞已完。

二呈供酒，二献敬酒。

香酒甜酒，甜酒蜜酒。

祭祀娘车祖，爷车神。

娘忙忙，爷急急。

九层赶鬼走山，消灾走岭。①

（七层赶鬼走山，消灾走岭。）

赶鬼归穴，消灾归洞。②

要来敬送娘车祖，爷车神。

娘忙忙，爷急急。

九层赶鬼走山，消灾走岭。

（七层赶鬼走山，消灾走岭。）

赶鬼归穴，消灾归洞。

吹气齐皆来喝，吹味齐皆来吃。

吹气喝在口中，吹味吃在嘴内。

神韵——

注：①九层赶鬼走山，消灾走岭——指把户主家中的鬼怪灾难赶到九层的深山老林里面去，不再祸害户主。

②赶鬼归穴，消灾归洞——指把户主家中的鬼怪灾难赶到日月洞穴（天涯海角）里面去，让户主永享太平。

读约补散这酒，

Dub yod but sant zheux jiud,

补然龙弄。

But rab longs nongx.

酒豆酒江，

Jiud dout jiud jiangb,

酒江酒明。

Jiud jiangb jiud miongb.

补达公兄，

But dab gongb xiongb,

补这糯然。

But zheb nub rangx.

昂斩几锐公色，

Ghax zhad jid ruib gongb ses，

共色糯然。

Gongb ses nub rab.

补散酒莽周先，

But sant jiud mangb zhoub xiand，

阿散酒忙良木。

Ad sant jiud mangb lieax mus.

周先莎到先头，

Zhoub xiand seax daox xiand toub，

良木莎到木汝。

Lieax mus seax daox mus rux.

补散这酒，

But sant zheux jiud，

补然龙弄。

But rab longs nongx.

酒豆酒江，

Jiud dout jiud jiangb，

酒江酒明。

Jiud jiangb jiud miongb.

学西……

Xuob xid...

读约苟扛……

Dub yod geud gangb...

学笑……

Xuox xiaox...

读约苟扛……

Dub yod geud gangb...

拼散埋腊几最没服，

Piongt sant maib leas jid zuib met fud，

拼卡埋莎几最没龙。

Piongt keax maib seax jid zuib met nongb.

拼散苟照打鸟，

Piongt sant geud zhaob dad niaob,

拼卡苟照达弄。

Piongt keax geud zhaob dab nongx.

阿酒——阿酒。　　　　　　　　　　　（摇铃放筶）

Ab jiux—ab jiux.

　　　敬上三呈供酒，三献敬酒。

　　　香酒甜酒，甜酒蜜酒。

　　　三碗热粑，三盘糯供。

　　　下酒的熟肉，热粑糯供。

　　　三呈供酒留气，三献供酒赐福。

　　　留气皆得长气，赐福皆得洪福。

　　　三呈供酒，三献敬酒。

　　　香酒甜酒，甜酒蜜酒。

　　　祭祀……

　　　要来敬奉……

　　　敬奉……

　　　要来敬送……

　　　吹气齐皆来喝，吹味齐皆来吃。

　　　吹气喝在口中，吹味吃在嘴内。

　　　神韵——

列拢读约比散这酒，

Leb longs dub yod bit sant zheux jiud,

比然龙弄。

Bit rab longs nongx.

酒豆酒江，

Jiud dout jiud jiangb,

酒江酒明。

Jiud jiangb jiud miongb.

比达公兄，

Bit dab gongb xiongb,

比这糯然。

Bit zheb nub rangx.

昂斩几锐公色，

Ghax zhad jid ruib gongb ses,

共色糯然。

Gongb ses nub rab.

比散酒忙几洞先头，

Bit sant jiud mangb jid dongb xiand toub,

比散吉良木汝。

Bit sant jid lieax mus rux.

几洞先头，

Jid dongb xiand doub,

阿标林休几最莎到先头。

Ab bioud liongs xut jid zuib seax daox xiand toub.

吉良木汝，

Jid lieax mus rux,

阿竹共让几最莎到木汝。

Ad zhus gongx rangx jid zuib seax daox mus rux.

他拢服约比散这酒，

Teax nongd fud yod bit sant zheux jiud,

比然龙弄。

Bit rab longs nongx.

西约列扛汝苟猛豆，

Xid yod leb gangb rux goud mengt dout,

笑约列扛汝公猛炯。

Xiaox yod leb gangb rux gongt mengb jiongx.

西吾长拢朋服，

Xit wut changb longs bengt fub,

西列长拢朋龙。

Xit lex changb longs bengt nongb.

龙锐长你打起，

Nongb ruit changb nil dat qit,

龙列长纵达写。

Nongb lex changb zongb dab xied.

龙锐长拢江嘎，

Nongb ruit hangb longs jiangx geax，

龙列长拢江记。

Nongb lex changb longs jiangx jid.

求绒水单，

Quix rongs shuit dand，

闹夯水送。

Laox hangb shuit songx.

西约娘萨，

Xid yod niangb sead，

笑约娘章。

Xiaox yod niangb zhuangb.

娘萨娘猛产豆，

Niangb sead niangb mengb cant dout，

娘章娘猛吧就。

Niangb zhuangb niangb mengb beax jux.

标西几扛长周，

Bioud xit jid gangb changb zhoub，

窝潮几扛长干。

Aot zaox jid gangb changb ganb.

出格久长斗标，

Chud gieb jud changb doub biud，

喂怪久长柔纵。

Web guaix jud changb roub zongb.

娘萨娘猛产豆，

Niangb sead niangb mengb cant dout，

娘章娘猛吧就。

Niangb zhuangb niangb mengb beax jux.

比散这酒，

Bit sant zheux jiud，

比然龙弄。

Bit rab longs nongx.

酒豆酒江，

Jiud dout jiud jiangb,

酒江酒明。

Jiud jiangb jiud miongb.

学西……

Xuob xid. . .

读约苟扛……

Dub yod geud gangb. . .

学笑……

Xuox xiaox. . .

读约苟扛……

Dub yod geud gangb. . .

拼散埋腊几最没服，

Piongt sant maib leas jid zuib met fud，

拼卡埋莎几最没龙。

Piongt keax maib seax jid zuib met nongb.

拼散苟照打鸟，

Piongt sant geud zhaob dad niaob，

拼卡苟照达弄。

Piongt keax geud zhaob dab nongx.

阿酒——阿酒。　　　　　　　　　　　　　（摇铃放箬）

Ab jiux—ab jiux.

　　要来敬上四呈供酒，四献敬酒。
　　香酒甜酒，甜酒蜜酒。
　　四碗热粑，四盘糯供。
　　下酒的熟肉，热粑糯供。
　　四呈供酒来换长气，四献敬肉来换长寿。
　　来换长气，一家大小都得长气。
　　来换长寿，一屋老幼皆得长寿。
　　今天喝了四呈供酒，四献敬酒。
　　喝了要送好疾好病，吃了要送好病好痛。
　　渴水转来想喝，饿饭转来想吃。

吃菜转来坐肚，吃饭转来肥肠。

吃菜转来得甜，吃饭转来得香。

上坡得到，下山得临。

敬了要送得好，祭了要送得灵。

好要好得千年，安要安得百载。

凶异不转家里，凶怪不现家内。

看水碗不许再见恶煞，问米卜不准再现恶鬼。

凶神不许再有，恶鬼不准再现。

祭了要送准得千年，敬了要送安得百载。

四呈供酒，四献敬酒。

祭祀……

要来敬奉……

敬奉……

要来敬送……

吹气齐皆来喝，吹味齐皆来吃。

吹气喝在口中，吹味吃在嘴内。

神韵——

（最后一碗酒）

列拢读约便散这酒，

Leb longs dub yod bieat sant zheux jiud，

便然龙弄。

Bieat rab longs nongx.

酒豆酒江，

Jiud dout jiud jiangb，

酒江酒明。

Jiud jiangb jiud miongb.

便达公兄，

Biat dab gongb xiongb，

便这糯然。

Biat zheb nub rangx.

昂斩几锐公色，

Ghax zhad jid ruib gongb ses,

共色糯然。

Gongb ses nub rab.

便散酒莽几洞先头，

Bieat sant jiud mangb jid dongb xiand toub,

便散昂忙吉良木汝。

Bieat sant gheab mangb jid lieax mus rux.

几洞先头，

Jid dongb xiand doub,

阿标林休几最莎到先头。

Ab bioud liongs xut jid zuib seax daox xiand toub.

吉良木汝，

Jid lieax mus rux,

阿竹共让几最莎到木汝。

Ad zhus gongx rangx jid zuib seax daox mus rux.

便散这酒，

Bieat sant zheux jiud,

便然龙弄。

Bieat rab longs nongx.

酒豆酒江，

Jiud dout jiud jiangb,

酒江酒明。

Jiud jiangb jiud miongb.

读约苟扛便告斗补，

Dub yod geud gangb bieat ghaox doub bub,

照告然冬，

Zhaox ghaox rab dongt,

棍缪棍昂，

Ghunt mioud ghunt gheab,

得寿产娥棍空，

Deb sheut cant eb ghunt kongt,

傩汝吧图棍得。

Nus rux bax tub ghunt deb.

读约苟扛太棍共米、

Dub yod geud gangb rab niaob tait gunt gongx mit、

公加、首关、四贵，　　　　　　（巳宫、辰宫、酉宫、寅宫诀）

Gongd jiad、shoud guand、six giux、

太棍米章、巴高、国峰、明鸿，　（午宫、戌宫、巳宫、卯宫诀）

Taix gunt mit zhuangd、bad gaod、guob fengd、mingb hongx、

太棍仕贵、后保，　　　　　　　　　　（巳宫、申宫诀）

tait gunt shid giux、houx baod、

苟太光珍、勇贤、　　　　　　　　（申宫、戌宫诀）

Goud taix guangd zhengd、yongd xianb、

光三、老七、跃恩，　　　　　（卯宫、巳宫、申宫诀）

Guangd sand、laod qib、yiex engd、

苟太席乙、江远、林花、老苟、（未宫、卯宫、子宫、午宫诀）

Goud taib xib yix、jiangd yand、linb huad、laod goud、

共四、老弄，　　　　　　　　　　（辰宫、寅宫诀）

Gongx six、laod nongt、

千由、天才、炯容、同兰，　（丑宫、巳宫、酉宫、亥宫诀）

Qiand youb、tianb caib、jiongx rongb、tongb lan、

苟太强贵、龙贵、　　　　　　　　（亥宫、丑宫诀）

Goud taib qiangb giux、longb giux、

光合、冬顺、得水，　　　　　（卯宫、申宫、未宫诀）

Guangd hob、dongd shunx、deib shiut、

苟剖双全，苟剖长先，　　　　　（未宫、午宫诀）

Goud bout shuangd quanb, goud bout changb xiand、

苟打二哥、那那……　　　　　　（酉宫、辰宫诀）

Goud dad erx ged、nat nat...

补谷阿柔告寿，

But guot ad roub gaot shout,

补谷欧柔告德。

But guob out roub gaot deit.

补产葵忙告见，

But chanx kiub mangb gaot jianb,

补吧录忙送嘎，

But bad lub mangb songx giax,

抓葡几最吉走。

Zhuad pux jid ziub jib zoub.

寿葡吉走吉板。

Shoux pux jid zoub jib banb.

服约埋列告见，

Fud yod maib leb ghaod jianb,

龙约埋列送嘎。

Nongb yod maib leb songx gieax.

告见几扛几白纠录乙苟，

Ghaod jianb jid gangb jid bed jiud lus yib goud,

送嘎几扛热然谷叉图公。

Songx gieax jid gangb reb rab guob chad tux gongx.

告见扛单，

Ghaod jianb gangb dand,

送嘎扛送。

Songx gieax gangb songx.

便散这酒，

Bieat sant zheux jiud,

便然龙弄。

Bieat rab longs nongx.

酒豆酒江，

Jiud dout jiud jiangb,

酒江酒明。

Jiud jiangb jiud miongb.

拼散埋腊几最没服，

Piongt sant maib leas jid zuib met fud,

拼卡埋莎几最没龙。

Piongt keax maib seax jid zuib met nongb.

拼散苟照打鸟，

Piongt sant geud zhaob dad niaob,

拼卡苟照达弄。

Piongt keax geud zhaob dab nongx.

喂服埋服，
Web fub maib fub,
喂能埋能。
Web nongb maib nongb.
阿酒——阿酒。　　　　　　　　　　　　　　（摇铃放筶）
Ab jiux—ab jiux.

要来敬上五呈供酒，五献敬酒。

香酒甜酒，甜酒蜜酒。

五碗热粑，五盘糯供。

下酒的熟肉，热粑糯供。

五呈供酒来换长气，五献供肉来换长寿。

来换长气，一家大小皆得长气。

来换长寿，一屋老幼皆得长寿。

五呈供酒，五献敬酒。

香酒甜酒，甜酒蜜酒。

要来敬上五方土地，

六面龙神，鱼神肉神，

弟子的千位祖师，尊敬的百位宗师。

要来敬送——祖太共米、共甲、仕官、四贵，

祖太明章、巴高、国峰、明鸿，

祖太仕贵、后宝，

祖太永顺、永现、光朱、老七、光林，

祖太席玉、江远、林华、老苟、共四、老弄，

千有、千财、进荣、腾兰，

祖太强贵、龙贵、光合、冬顺、得水。

叔公双全，祖公长先，

外祖二哥、大大……

三十一代祖师，三十二代弟子。

三千祖师交钱，查名皆齐皆遍。

三百度纸宗师，点字皆遍皆全。

喝了你们要去交钱，吃了你们要去度纸。

交钱不许漏落九条路头，度纸不要漏散十岔路尾。

交钱得过，度纸得明。

五呈供酒，五献敬酒。

香酒甜酒，甜酒蜜酒。

吹气齐皆来喝，吹味齐皆来吃。

吹气喝在口中，吹味吃在嘴内。

神韵——

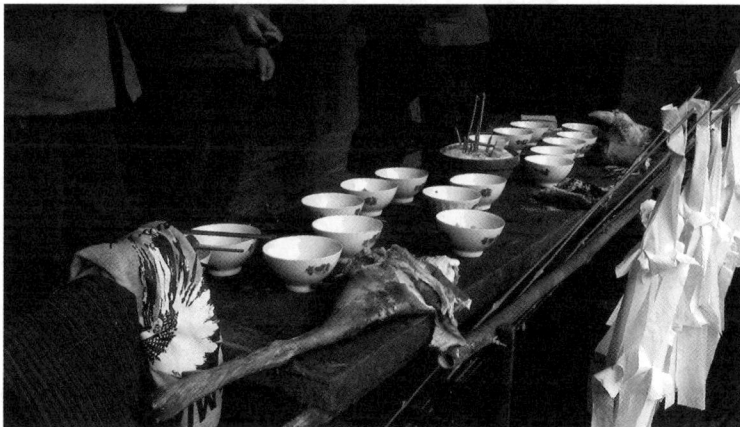

交送酒肉给祖神领受(石开林摄)

二九
葡棍 · Pud gunt · 神名

【简述】

前面说过，苗师祭祀的对象是祖神，而这个祖神又分为理念性祖神和人性化祖神两大类。

巴代主持的祭祀祖神对象有：大祖（"林豆林且"即椎牛所祭之祖神）；元祖（"拔囊竹岭，浓囊竹共，拔囊苟林，浓囊苟共"即吃猪所祭之祖神）；谷粟祖（"怕囊肱楼，杏囊肱农"即谷祖神）；雷祖（"炯奶汝内，炯图汝嘎"即雷祖神）；龙祖（"绒剖绒娘，绒内绒玛"即接龙所祭之龙祖神）；寨祖（"阿剖斗冬"即每村每寨第一个立寨之祖）；家祖（"向剖向娘，向内向玛"即本家祖先）；师祖（"棍空棍得"即主持祭仪之祖及各行业之祖）等。

其中，椎牛所祭的大祖神名号为"林豆林且"。这"林豆林且"有的称为"岭斗岭且"，有的称为"略都略天"等，不管哪种名号，都是各地苗语口音上的差异，其意思都一样。

首先说"林豆"。其"林"的意思为大、最大、无上、主宰、权力、极端（苗语中素有一词多义的用法）。而"豆"的意思为地、世界、宇宙、不动不移、不变、不可拒、永恒。综合二字，即为世间最大的、不移动的、不可抗拒的、永恒的主宰之意。这宇宙间究竟什么才是最大的、永恒的主宰呢？据巴代历代祖师们说，这"林豆"就是自然规律法则，因为它是世间万类万物都必须遵循的法则，才能称为最大的永恒的主宰。

再说"林且"。"林且"是大称，大称是用来衡量地位、身份的。在苗族古代祭祀语体系中，这个古名词的意思是公平公正、公理公法、公条公律、公道公德。林且是世间万类万物赖以生存和发展的最大天平准则，人类只有维护生态平衡，遵纪守法，慈善诚信，和谐相处，遵循这一天平准则，才能达到美好圆满之状态。

"林豆"为先天性的、固定不变的、永恒的规律法则，而"林且"则为后天性的、世间万物生存和发展所必须依附的准则，二者互为依托，相辅相成。"林豆林且"就是苗族椎牛所敬奉的大祖神。"林豆林且"并非苗族之某祖或历史上之某人或某一地名，而是专司世间的规律法则和行为准则的理念神。由于椎牛在苗族祭祖仪式中规模最大、级别最高、时间最长、参与人数最多、耗资最巨、祖神最大，因此巴代的历代祖师们将其所祭的祖神称为大祖。

吃猪祭祖是级别和规模仅次于椎牛的祭祀，其祖神的名号为"拔囊竹岭，浓囊竹共，拔囊苟林，浓囊苟共"，意译是"最古的女，最老的男，古道的女，老路的男"。据祖师们传说，这其中的女、男非指人，而是用女来代表阴，用男来代表阳。（苗语中素有一词多义的用法，对于阴阳，苗语中没有专门的名词，而是用女来代替阴，用男来代替阳。）因而，这"最古的女，最老的男，古道的女，老路的男"实际上就是祭奉阴阳两性元祖神。

苗家所祭的祖神除了上述的大祖神、元祖神的概念稍微难懂之外，余下的龙祖、寨祖、家祖等我们就可想而知了，这些都是实实在在的祖先。祭祀这些祖神是苗族忠良、孝顺、道德、人性的体现。

挂在祭坛纸架上的忌肉（石开森摄）

敬重祖先是中华民族的传统美德。中国是礼仪之邦，礼仪是人们在社会生活中相互交往所遵循的行为规范。祭祖仪式是尊重祖先、缅怀先人的一种特定的表现形式，是一种极其古老的风俗，是一种主要的民间信仰，是重要的民族文化载体。通过各种形式的祭祖活动，民族的传统文化得到了传承，民族的向心力得到了凝聚，民族的团结得到了加强。虽然祭祖文化是历史时代的创造，同现代生活不太适应，但其祖其神必定还是我们的祖先。这是我们的根，我们的本，我们的源。作为人，若是忘了祖先，忘了根本，则将是人性中不能容忍的缺失。

据说，神灵平时是住在神界中的殿堂里面的，要有人念到它的神名称号，它才下凡前来受领供奉。若在平时没有供品的情况下念叨它的神名称号，它下凡后却没有供品享受，便会降灾于人。因此平时是不许乱念叨神名的。巴代学习神名时只有在大年夜饭后到初三晚饭前这三天时间里才可学习念叨。

（一）吃猪神名

大桌神名

拔浪竹岭，
Piad nangb zhub liuongt，
浓浪竹共。
Niongx nangb zhub gongt.
拔浪苟岭，
Piad nangb geb liuongt，
浓浪苟公。
Niongx nangb geb gongt.

最古的女，最老的男。
古道的女，老路的男。

内浪单敏、浓浪秋补、
Neib nangb dand miongt、niongx nangb qiux bub、
告浪皂洞写棍。
Gaob nangb zaob dongb xied gunt.

女的青裙、男的地域、
*古代氏族祖先。*①

注：①女的青裙、男的地域、古代氏族祖先——指传说中的母系氏族
社会。

物件名称

几北竹岭，
Jid beib zhub liuongt，
吉走窝肥竹共。   （互绕祖师诀）
Jib zed aob feib zhub gongx.
炯奶达齐这汝，
Jiongb leit dab qit zhex rux，
炯图达恩泻格。   （七只碗）
Jiongb tub dab engb xiex gieb.
纠得谷陇立为，
Jiub deib guob liongd lib wenb，
纠竹谷乔良王。   （九束纸）
Jiub zhub guob qiaob liangb wangb.
提周炮节，
Tib zhoud paox jieb，
提尖炮抓。   （盖纸布）
Tib juand paox zhuab.
标奶禾纵，

Bioud leit aob zongb,

标告比秋。

bioud gaod bid qiux.

矮果禾纵，

Ait guet aob zongb，

庆放比秋。

Qiongx fangx bid qiux.

呕达禾纵，

Out dab aob zongb，

呕这比秋。 　　　　　　　　　　　　　　　（小坛、罐、碗）

Out zhex bid qiux.

爬林爬章，

Bax liuongb bax zhuangb，

书虐爬汝。 　　　　　　　　　　　（供猪或者"昂斩缪米"肉）

Shud niub bax rux.

意记送斗，

Yib jib songx doub，

以达穷炯。 　　　　　　　　　　　　　　　　（香碗诀）

Yit dat qiongx jiongb.

勇陇穷雄，

Yongd liongd qiongx xiongt，

禾走抗闹，

Aob zed kangx liaot，

穷梅雄棍。 　　　　　　　　　　　　（竹枒铜铃竹筶诀）

Qiongx meib xiongd gunt.

几瓦长猛冬豆，

jid wab changb mengb dongt dout，

吉嘎长闹冬腊。

Jib giax changb laox dongt lab.

祭祖的大桌，敬神的大案大凳。

七只好碗净碗，七个金碗银碗。

九提十提纸束，九束十束长钱。

绸缎布帛，锦缎布匹。
地楼神屋，地板神坛。
地楼大鼎，地板水罐。
地楼两盘，地板两碗。
大猪肥猪，好猪供猪（或供鱼供肉）。
纸团糠香，蜂蜡糠烟。
竹析竹筒，神卜骨卦、招请铜铃。
带着要转凡间，带齐要回凡尘。

（二）祭雷神的神名称号及物件

区 大桌神名 区

"炯奶汝内，
Jongb liet rub niex，
炯图汝卡。
Jongb tub rub guab.
炯奶汝乖，
Jongb liet rub guat，
炯图汝读。
Jongb tub rub dux.
炯奶刀首刀米，
Jongb liet daod shout daod mi，
炯图铁脚长江，
Jongb tub tieb jiaox changb jiangd，
抓卡汝绒。
Zhab khad rub rongx.

七个好人，七位好众。
七个好官，七位好员。
七个道士道长，七位铁脚长颈，大气好力。

葵绒出哈出夯，

Kuib rongx chub hab chub hangs，

傩潮出青出见。

Nub chaob chub qiongb chub jianb.

　　龙神化峡化谷，地脉做川做坝。

物件名称

几北斗耸，

Jid biab doud songb,

吉早斗度。

Jid zaob doud dub.

纠奶达齐这汝，

Jiux liet dad qid zheb rub,

纠图达恩泻格。

Jiux tub dad ghongx xieb ghiex.

便奶达齐这汝，

Biat liet dad qit zheb rub,

便图达恩泻格。

Biat ttub dad ghongx xieb ghiex.

公色纠达，

Gongd sed jiub dad,

傩然纠这。

Nux rab jiub zheb.

公色便达，

Gongd sed biat dad,

傩然便这。

Nux rab biat zheb.

昂斩几锐公色，

Ghax zhab jid ruit gongd sed,

公色傩然，

Gongd sed nux rab，

再斗酒豆酒江，

Zaib doud jius dout jius jiangd，

吉高酒江酒明。

Jid gaob jius jiangd jius miongb.

格绒白吾白补，

Gied rongx biad wud biad bub，

格潮白补白冬。

Gied chaob biad bub biad dongt.

斗耸爬林爬章，

Doub songd pad liongx pad zhangb，

斗度书虐爬汝。

Doud dub shub niu pab rub.

得寿意记松斗，

Dex shout yid jid shongb dout，

弄得依达穷炯。

Nongb dex yid dad qiongb jongb.

涌拢穷兄，

Yongs longd qiongb xiongd，

窝走抗闹，

Aob zhoud kangb naob，

穷梅兄棍。

Qiongb mied xiongd ghunt.

大桌敬雷祖，小桌祭龙脉。
九个好碗净碗，九个金碗银碗。
五个好碗净碗，五个金碗银碗。
九碗糍粑，九盘糯供。
五碗糍粑，五盘糯供。
交生炒好熟肉，糍粑糯供。
还有甜酒香酒，与这香酒供酒。

龙旗满堂满殿，雷旗满地满处。

供雷大猪好猪，敬龙肥猪供猪。

弟子的蜂蜡糠香，师郎的纸团火烟。

竹筒竹柝，问事神筶，蚩尤神铃。

（三）敬日月车祖神的神名

大桌神名

1. 日车祖神

帕竹林豆几内，

Pad zhus liongs dout jid net,

浓出林且吉虐。

Niongx chud liongs quex jib nub.

  最古的白天女车祖，最老的白天男车神。[1]

注：①最古的女车祖，最老的男车神——日月车祖神的神名称号。

2. 月车祖神

帕出林豆布目，

Pad chud liong dout bus mus,

浓出林且则厄。

Niongx chud liongs quex zed giel.

  最古的黑夜女车祖，最老的晚上男车神。

内棍青,
Ned ghunt qiongd,
骂棍留。
Max ghunt liu
内和和,
Ned huob huob,
骂格格。
Max gib gib.
纠舍斗妻郎苟,
Jiub shet doub qud liangd geub,
弄力郎绒。
Nongx lis liangb rongb.
(炯舍斗妻郎苟,
(Jiongx shet doub qud liangb geub,
弄力郎绒。)
Nongx lis liangb rongb.)
偷楼归容,
Toud loub guil rongb,
松梅千曹。
Songd meb qiand caob.

娘车祖,爷车神。
娘忙忙,爷急急。
九层赶鬼走山,消灾走岭。
(七层赶鬼走山,消灾走岭。)
赶鬼归穴,消灾归洞。

物件名称

补得猛青喳内,

Bul deb mengb qiongd cheab net,

弄力喳郎。

Nongx lis cheab liangs.

（补得猛青喳格，

（Bul deb mengb qiongd cheab giel，

弄力喳那。）

Nongx lis chab lias.）

告够青抱，

Ghaot gout qiongd bes，

告考青钱。

Ghaot kaod qiongd qianx.

格岭白吾白补，

Gib liongs bed wut bed bus，

格穷白补白冬。

Gib qiongx bed bus bed dongt.

格岭背固傩茶，

Gib liongs bed gus nub cat，

格穷背同傩虐。

Gib qiongx bed tongb niub nus.

告够青抱，

Ghaot gout qiongd beus，

告考青钱。

Ghaot kaod qiongd qianx.

纠八纠麻，

jiul biab jiul mab，

纠苟纠够。

Jiul geud jiul goux.

（炯八炯麻，

（Jiongb biab jiongb mab，

炯苟炯够。）

Jiongb geud jiongb goux.）

几北偷楼，

Jid biab toub loub，

吉走偷嘴。　　　　　　　　　　　　　（供神大桌）

Jid zoub toub zuis.

纠奶达齐这汝，　　　　　　　　　　　（九只碗）

Jiub lias dab qib zheb rub,

纠图达恩泻格。

Jiub dub dad ghongb xieb ghiax.

（炯奶达齐这汝，

（Jongb lias dab qib zheb rub,

炯图达恩泻格。）　　　　　　　　　　（七只碗）

Jongb dub dad ghongb xieb ghiax. ）

潮录告斗，

Chaob nub gaot dout,

潮弄告香。

Chaob nongd gaot xiangt.

公色告如，

Gongx sed gaot rub,

傩然告柔。

Nub rab jiub roux.

昂斩几锐公色，

Ghax zhad jid ruit gongb sed,

公色傩然。

Gongb sed nub rab.

够斗出见公色纠如，

Goub dout chub jianb gongb sed jiub rub,

傩然纠柔。

Nub rab jiub roux.

（够斗出见公色炯如，

（Goub dout chub jianb gongb sed jongb rub,

傩然炯柔。）

Nub rab jongb roux. ）

便斗扑内公色便如，

Biat dout bub nieb gongt sed biat rub,

傩然便柔。

Nub rab biat roux.

图书写容。

Tux shub xieb yongb.

（比尼麻林，

（bid nib mab liongx，

比油麻章。）

bid yud mab zhangb.）

意记送斗，

Yid jid songb dout，

以达穷炯。

Yid das qiongx jongb.

勇陇穷雄，

Yongd longb qiongb xiongd，

禾走抗闹，

Aob zous kangb naob，

穷梅雄棍。

Qiongt mieb xiongd ghunt.

三根车柱登天，神柱登日。

（三根车柱登星，神柱登月。）

柱底的桩，柱根的钉。

绿旗柱顶竹叶，红旗柱头绿叶。^①

柱底的桩，柱根的钉。

九块九篾，九编九条。

（七块七篾，七编七条。）

绿旗满山满水，红旗满坪满地。

祭祖供桌，敬神供案。

九只好碗净碗，九个金碗银碗。

（七只好碗净碗，七个金碗银碗。）

糯米在斗，黏米在升。

糍粑成堆，供粑成柱。

配合供粑的肉，糍粑糯供。

糍粑九堆，供粑九柱。

（糍粑七堆，供粑七柱。）

糍粑五堆，供粑五柱。

供神的羊。

蜂蜡糠香，纸团糠烟。

竹析神筒、问事骨卦、招请铜铃。

注：①竹叶、绿叶——在扎车柱花旗的时候，竹竿顶端要留一两枝竹叶。

（四）接龙神名

绒剖绒娘、

Rongx pout rongx niax、

绒内绒骂、

Rongx niex rongx mab、

绒得绒嘎。

Rongx dex rongx gad.

　　龙公龙母、龙娘龙爷、龙子龙孙。

物件名称

酒豆酒江，

Jiud dout jiud jiangb，

达缪这昂。

Dad mious zheb ghax.

标绒标潮，

Bioud rongx bioud ceb，

白录白然。

Biad nux biad rab.

爬林爬章，

Pab liongb pab zhangb，

书虐爬汝。

Sut rub pab rub.

格岭白吾白补，

Gied liongx biad eud biad bub,

格穷白补白冬。

Gied qiongb biad bub biad dongt.

意记送斗，

Yid jid shongb dous,

以达穷炯。

Yid dad qiongb jongb.

勇陇穷雄，

Yongd longs qiongb xiongd,

禾走抗闹，

Aod zoub kangb naox,

穷梅雄棍。

Qingd mieb xiongd ghunt.

 供酒甜酒，盘鱼碗肉。
 龙堂龙殿，糍粑供粑。
 大猪供猪，肥猪好猪。
 绿旗满山满水，红旗满坪满地。
 纸团糠香，蜂蜡糠烟。
 竹枡竹筒，神卜骨卦，招请铜铃。

（五）椎牛的神名

林豆蒙你竹豆，

Liongx dout mengd nit zhub doud,

蒙腊当吉，

Mengd lad dangd jid,

林且蒙炯康内，

Liongx qieb mengd jongb kangb niex，

蒙腊当江。

Mengd lad dangd jiangb.

列拢然鸟——

Lieb longd rax niaox—

林豆浪得麻你便标便斗，

Liongx dout nangd dex mad nit biat bioud biat doud，

林且浪欧麻炯便纵便秋。

Liongx qieb nangd out mad jongb biat zhongx biat qieb.

  大祖林豆你在天宫，你也等敬，

  大宗林且你在天上，你也等供。①

  要来奉请——

  大祖的儿坐在边屋边宅，

  大宗的妻坐在边室边房。

  注：①大祖神"林豆林且"因其是理念性祖神，是不会被请下凡间受供的，只是背个名誉在上天神堂接受供奉而已。被请下来的只是他的九个分管凡间事务的儿子和妻子。

  物件名称

欧斗补斗几北林豆棍见，

Out doud but doud jid beib liongx dout ghunt jianb，

欧斗补斗吉走林且棍嘎。   （供神大桌）

Out doud but doud jid zoud liongx qieb ghunt gad.

纠奶达齐这汝，

Jiux liet dad qit zheb rub，

纠图达恩泻格。   （九只碗）

Jiux tub dad ghongx xieb giex.

欧秋见乖头奶，   （两束长纸钱）

Out qieb jianb guax toud liet，

欧秋牙羊头浪。

Out qieb yad yangb doud nangd.

阿舍陇恩，   （一面大鼓）

Ad shet longd ghongx，

阿候猛炯。   （一面大锣）

Ad houb mengd jongs，

欧拔几借，   （木盘摆供）

Out pab jid jiet，

补拔吉龙。

Bub pab jid longd，

陀罗乙苟，   （法器响器）

Tuox luob yid goud，

那巴乙公。   （长号喇叭）

Nat bad yid gongt.

得捕达小，   （瓷坛擂钵）

Dex pub dad xiaos，

周柳况乔。   （垫鼎篾圈）

Zhoud liub kuangb qiaob.

梅力梅头，   （铁锅纸马）

Miex lid miex toud，

柔扎柔日。   （磨石磨盘）

Tout zab rout rd.

欧偶猛嘎报告虐书，   （两只雄鸡）

Out ghud mengd gad baob gaox niub shub，

阿偶尼莎油葡。   （一头菜牛）

Ad ghud niex sead yud pub.

阿偶巴林打豆，   （一头大牯牛）

Ad ghud bad liongx dad dout，

巴术达仰。

Bad shub dad niangb.

意记送斗，

Yid jib songb doud，

以达穷炯。   （蜂蜡糠香）

Yid dad qiongb jongb.

勇陇穷雄，　　　　　　　　　　　　（蚩尤大柝）

Yongb longd qiongb xiongd,

禾走抗闹，　　　　　　　　　　　　（蚩尤神卦）

Aod zoud kangb laob,

穷梅雄棍。　　　　　　　　　　　　（蚩尤神铃）

Qiongb miex xiongd ghunt.

两张三张祭祖供桌，两张三张敬神供案。

九只好碗净碗，九个金碗银碗。

两提官钱长纸，两束官纸长钱。

一面银鼓，一面大锣。

两盘重叠，三盘重放。

包锣开路，长号开道。

瓷坛擂钵，垫鼎篾圈。

铁锅纸马，磨石磨盘。

两只大鸡雄鸡，一头肉串黄牛。

一头肥大水牯，雄壮水牛。

纸团宝香，蜂蜡糠烟。

竹析神筒，问事骨卦，招请铜铃。

（六）椎牛附带的各堂神名及供品物件

1. 爬楼料弄·Pad loux liaob nongb·赎谷米魂

阿约——阿哈！

Ad yox—ad hab!

他陇内蜡出见便达汝酒，

Tad longd niex lad chub jianb biat dad rub jiud,

忙陇内莎腊到便泻汝昂。

Mangb longd niex sead lad daob biat xieb rub ghax.

便达比酒寿内，

Biat dad bid jiud shout niex，

便这比昂寿虐。

Biet zheb bid ghax shoub niub.

便达比酒爬楼，

Biat dad bid jiud pad loux，

便这比昂料弄。

Biet zheb bid ghax liaob nongb.

窝汝意记松斗，

Aod rub yid jib songb doud，

柔汝依达穷炯。

Rongb rub yid dad qiongb jongb.

江林几得热杂够豆，

Jiangb liongb jid ded rax zab goud dout，

江照吉秋热板比兵。

Jiangb zhaob jid qieb rax biab bid biongb.

神韵——

今天人们倒好五碗好酒，今日人们切好五片好肉。

五碗好酒择日，五盘好肉选期。

五碗好酒赎谷，五盘好肉赎迷。

烧好蜂蜡糠香，焚燃纸团火烟。

摆在谷仓之边，放在米库之旁。

列拢然鸟得忙爬楼，

Lieb longd rax niaox dex mangb pad loux，

度忙料弄。

Dub mangb liaob nongb.

要去奉请大宗的赎谷魂神，

要去迎请大宗的赎米魂神。

几北爬楼，

Jid bias pad loux,

吉走料弄。

Jid zoud liaob nongb.

白长几婆拿白炯格，

Biad zhangb jid loub nad biad jongb gibe,

袍长吉追拿袍炯昂。

Paob zhangb jid zuib nad paob jongb ghax.

阿标林休，

Ad buoud liongx xiut,

西约娘萨，

Xid yox niangb sead,

笑约娘状。

Xiaob yox niangb zhangd.

娘萨娘猛产豆，

Niangb sead niangb mengd chand dout,

娘状娘猛吧就。

Niangb zhangd niangb mengd bad jiub.

冬豆久萨，

Dongt dout jud sead,

冬腊久状。

Dongt lab jud zhangb.

茶他猛久，

Cab tad mengd jud,

弟然猛板。

Dib rax mengd biab.

祭谷神的供桌，敬粟祖的供案。
移往前方也移七湖，动往后面也动七海。
一家大小，
祭了得准，敬了得安。
恩准准得千年，平安安得百岁。
凡间安康，凡尘清泰。

安康清泰，祥和吉利。

2. 棍沙酒·Ghunt sad jiud·敬巡视酒神

他陇内蜡出见便达汝酒，

Tad longd niex lab chub jianb biat dad rub jiud，

忙陇内莎腊到便泻汝昂。

Mangb longd niex sead lad daob biat xieb rub ghax.

便达比酒寿内，

Biat dad bid jiud shout niex，

便这比昂寿虐。

Biet zheb bid ghax shoub niub.

便达比酒爬楼，

Biat dad bid jiud pad loux，

便这比昂料弄。

Biet zheb bid ghax liaob nongb.

窝汝意记松斗，

Aod rub yid jib songb doud，

柔汝依达穷炯。

Rongb rub yid dad qiongb jongb.

江林打得哨吾，

Jiangb liongb dad dex saod wud，

江照吉秋送龙。

Jiangb zhaob jid qieb songb longb.

今天人们倒好五碗好酒，今日人们切好五片好肉。

五碗好酒择日，五盘好肉选期。

五碗好酒巡酒，五盘好肉察饭。

烧好蜂蜡糠香，焚燃纸团火烟。

摆在门外坪中，放在屋檐底下。

列猛然鸟得忙沙酒，

Lieb mengd rax niaox dex mangb sad jiud,

列猛弄奈度忙沙列。

Lieb mengd nongb nanb dub mangb sad liab.

要去奉请大宗的巡察酒神，
要去迎请大宗的巡视饭神。

几北沙酒，

Jid biab sad jiud,

吉走沙列。

Jid zoud sas lieb.

白长几篓拿白炯格，

Bias zhangd jid ned nad bias jongb gibe,

袍长吉追拿袍炯昂。

Paob zhangd jid zuib nad paob jongb ghax.

阿标林休，

Ad bioud liongx xiut,

西约娘萨，

Xid yox niangb sead,

笑约娘状。

Xiaob yox niangb zhangb.

娘萨娘猛产豆，

Niangb sead niangb mengd chand dout,

娘状娘猛吧就。

Niangb zhangb niangb mengd bab jub.

冬豆久萨，

Dongt dout jut sead,

冬腊久状。

Dongt lad jut zhangb.

茶他猛久，

Cad tad mengd jud,

弟然猛板。

Dib rax mengd biab.

祭酒神的供桌，敬饭神的供案。

移往前方也移七湖，

动往后面也动七海。

一家大小，

祭了得准，敬了得安。

恩准准得千年，平安安得百岁。

凡间安康，凡尘清泰。

安康清泰，祥和吉利。

3. 棍扑头·Ghunt pub toud ·敬剪纸造钱神

他陇内蜡出见便达汝酒，

Tad nongb niex lad chub jianb biat dad rub jiud,

忙陇内莎腊到便泻汝昂。

Mangb longb niex sead lad daob biat xieb rub ghax.

便达比酒寿内，

Biat dad bid jiud shout niex,

便这比昂寿虐。

Biat zheb bid ghax shoub niub.

便达比酒扑头，

Biat dad bid jiud pub toud,

便这比昂扑抗。

Biat zheb bid ghax pub kangb.

便达比酒他数，

Biat dab bid jiud tad sut,

便这比昂他那。

Biat zheb bid ghax tad lab.

便达比酒休力，

Biat dab bid jiud xiud lib,

便这比昂油章。

Biat zheb bid ghax yub zhongd.

便达比酒周先，

Biat dab bid jiud zhongd xianb,

便这比昂周木。

Biat zheb bid ghax zhoud mux.

窝汝意记松斗，

Ad rub yid jib songb doud,

柔汝依达穷炯。

Roub rub yid dad qiongb jongb.

江林打得哨吾，

Jiangb liongx dad ded shaob wud,

江照吉秋送龙。

Jiangb zhaob jid qieb songb longd.

今天人们倒好五碗好酒，今日人们切好五片好肉。

五碗好酒择日，五盘好肉选期。

五碗好酒巡酒，五盘好肉察饭。

五碗好酒脱枷，五盘好肉解锁。

五碗好酒驱灾，五盘好肉除煞。

五碗好酒祈福，五盘好肉保佑。

烧好纸团糠香，焚起蜂蜡火烟。

焚燃摆在坛中，放在坛内。

得忙扑头，

Dex mangb pub toud,

度忙出抗。

Dub mangb chub kangb.

得忙他苏，

Dex mangb tad sut,

度忙他那。

Dub mangb tad lab.

得忙休力，

Dex mangb xiud lid,

度忙油章。

Dub mangb yub zhangd.

得忙周先，

Dex mangb zhoud xianb，

度忙周木。

Dub mangb zhoud mux.

　　大祖的剪纸神，大宗的造钱神。
　　大祖的开锁神，大宗的解索神。
　　大祖的驱瘟神，大宗的除灾神。
　　大祖的留气神，大宗的赐福神。

几北扑头，

Jid biab pub toud，

吉走扑抗。

Jid zoud pub kangb.

白长几篓拿白炯格，

Biad zhangb jid ned nad biad jongb gibe，

袍长吉追拿袍炯昂。

Paob zhangb jid zuib nad paob jongb ghax.

阿标林休，

Ad buoud liongx xiut，

西约娘萨，

Xid yox niangb sead，

笑约娘状。

Xiaob yox niangb zhangd.

娘萨娘猛产豆，

Niangb sead niangb mengd chand dout，

娘状娘猛吧就。

Niangb zhangd niangb mengd bad jiub.

冬豆久萨，

Dongt dout jud sead，

冬腊久状。

Dongt lab jud zhangb.

茶他猛久，

Cab tad mengd jud,

弟然猛板。

Dib rax mengd biab.

　　祭纸神的供桌，敬钱神的供案。

　　移往前方也移七湖，动往后面也动七海。

　　一家大小，

　　祭了得准，敬了得安。

　　恩准准得千年，平安安得百岁。

　　凡间安康，凡尘清泰。

　　安康清泰，祥和吉利。

（七）椎牛各堂之始

1. 棍琶·Ghunt bab·吃猪

内腊列西林豆棍见，

Niex lad lieb xid lliongb dout ghunt jianb,

内莎列笑林且棍嘎。

Niex sead lieb xiaob liongb qieb ghunt gad.

莎列西埋拔浪竹岭，

Sead lieb xid manb bab nangd zhub liongd,

莎列笑埋浓浪竹共。

Sead lieb xiaob manb niongb nangd zhub gongb.

拔浪苟岭，

Bab nangd goud liongx,

浓浪苟共。

Niongb nangd goud gongb.

列西叉单，

Lieb xid cad dand，

列笑叉送。

Lieb xiaob cad songb.

冬豆列见扛拢，

Dongt dout lieb jianb gangb longd，

冬腊列嘎扛到。

Dongt lab lieb gad gangb daob.

西约汝苟猛豆，

Xid yox rub goud mengd dout，

笑约汝公猛炯。

Xiaob yox rub gongt mengd jongb.

主家要敬林豆钱神大祖，
主人要祭林且财神大宗。
先要来敬你们最古的女，
先来要祭你们最老的男。
古道的女，老路的男。
要敬才到，要祭才灵。
户主大钱也得，东家大财也发。
敬了病根脱去，祭了灾难消除。

2. 西向 · **Xid xiangt** · 敬家祖

内腊列西林豆棍见，

Niex lad lieb xid liongb dout ghunt jianb，

内莎列笑林且棍嘎。

Niex sead lieb xiaob liongb qied ghunt gad.

莎列西埋向剖向乜，

Sead lieb xid manb xiangt pout xiangt niax，

莎列笑埋向内向骂。

Sead lieb xiaob manb xiangt niex xiangt mab.

阿留浪向，

Ad liub nangb xiangt，

阿苟浪补。

Ad goud nangd bub.

列西叉单，

Lieb xid cad dand，

列笑叉送。

Lieb xiaob cad songb.

冬豆列见扛拢，

Dongt dout lieb jianb gangb longd，

冬腊列嘎扛到。

Dongt lad lieb gad gangb daob.

西约汝苟猛豆，

Xid yox rub goud mengd dout，

笑约汝公猛炯。

Xiaob yox rub gongt mengd jongb.

主家要敬林豆钱神大祖，
主人要祭林且财神大宗。
先要来敬你们祖父祖母，
先来要祭你们祖公祖婆。
一堂先祖，一殿先宗。
要敬才到，要祭才灵。
户主大钱也得，东家大财也发。
敬了病根脱去，祭了灾难消除。

3. 棍耸·Ghunt songb·敬雷神

内腊列西林豆棍见，

Niex lad lieb xid liongb dout ghunt jianb，

内莎列笑林且棍嘎。

Niex sead lieb xiaob liongb qied ghunt gad.

莎列西埋炯奶汝内，

Sead lieb xid manb jongb liet rub niet,

笑埋炯图汝卡。

Xiaob manb jongb tub rub kab.

炯奶汝剖,

Jongb liet rub poud,

炯图汝读。

Jongb tub rub dub.

列西叉单,

Lieb xid cad dand,

列笑叉送。

Lieb xiaob cad songb.

冬豆列见扛拢,

Dongt dout lieb jianb gangb longb,

冬腊列嘎扛到。

Dongt lad lieb gad gangb daob.

西约汝苟猛豆,

Xid yox rub goud mengd dout,

笑约汝公猛炯。

Xiaob yox rub gongt mengd jongb.

主家要敬林豆钱神大祖,
主人要祭林且财神大宗。
先要来敬你们七个好人,
祭你们七位好众。
七个好祖,七位好宗。
要敬才到,要祭才灵。
户主大钱也得,东家大财也发。
敬了病根脱去,祭了灾难消除。

4.庆格·Qin gieb·退灾

阿标林休,

Ad bioud liongx xiut,

列西林豆棍见，

Lieb xid liongb dout ghunt jianb,

列笑林且棍嘎。

Lieb xiaob liongb qieb ghunt gad.

莎列西埋拔出林豆记内，

Sead lieb xid manb bad chub liongb dout jid nied,

列拢笑埋浓出林且吉虐。

Lieb longd xiaob manb niongb chub liongx qied jid niub.

列西叉单，

Lieb xid cad dand,

列笑叉送。

Lieb xiaob cad songb.

冬豆列见扛拢，

Dongt dout lieb jianb gangb longb,

冬腊列嘎扛到。

Dongt lad lieb gad gangb daob.

西约汝苟猛豆，

Xid yox rub goud mengd dout,

笑约汝公猛炯。

Xiaob yox rub gongt mengd jongb.

　　一家大小，
　　今天要敬林豆钱神，要祭林且财神。
　　先来敬你白日车祖神，
　　要来祭你白天车祖神。
　　敬了才到，祭了才灵。
　　户主大钱也得，东家大财也发。
　　敬了病根脱去，祭了灾难消除。

（八）请村宗寨祖、家祖及师祖神名

得寿窝香苟充，

Deib shet aot xiangt ged congd,

弄得窝斗苟奈。

Nongx deib aot teb ged naix.

阿伞列拢然鸟斗补告补，

At sait lieb liongb rab niaob doub bub gaod bub,

阿虐列拢弄奈斗冬窝绒。

Ad niub lieb liongb nangx naix doub dongt aob rongb.

欧伞列拢然鸟向剖向乜，

Out said lieb liongb rab niaob xiangt pout xiangt nias,

欧虐列拢弄奈向内向骂。

Out niub lieb liongb nangx naix xiangt neid xiangt max.

补伞列拢然鸟几纵棍缪，

But sait lieb liongb rab niaob jid zongb gunt mioub,

补虐列拢弄奈吉秋棍昂。

But niub lieb liongb nongx naix jib qiux gunt angb.

然鸟葵汝产娥棍空，

Rab niaob kiub rux chant eb gunt kongt,

弄奈傩汝吧图棍得。

Nongx naix niub rux bax tub gunt deib.

打楼达比然鸟埋腊拢单窝图，

Dat let dab bid rab niaob maib lab liongb dand aot tub,

达起达写弄奈拢送窝羊。

Dad qit dad xied nongx naix liongb songx aob yangb.

弟子焚香来请，师郎烧纸来迎。

第一要来奉请村宗寨祖，首先要来奉迎土地龙神。

第二要来奉请祖公祖婆，其次要来奉迎先母先父。

第三要来奉请司鱼郎子，再次要来奉迎司肉郎君。

奉请尊敬的千位祖师，奉迎尊贵的百位宗师。

用头用脑奉请你们来到这里，[①]

用心用肚奉迎你们来临此间。[②]

注：①脑——指观想。

②肚——指意念。

拢单埋列你喂苟抓，

Liongb dand maib lieb nit weib goud zhuab,

拢送埋列炯喂苟尼。

Liongb songx maib lieb jiongx weib goud nib.

你喂苟娄，

Nit weib goud neb,

炯喂苟追。

Jiongx weib goud zhuix.

告见几单吉候告见扛单，

Gaod jianb jid dand jib houx gaod jianb gangb dand,

送嘎几送吉候送嘎扛送。

Songx giax jid songx jib houx songx giax gangb songx.

告见几扛几白纠录乙苟，

Gaod jianb jid gangb jid beid jiub lub yib goud,

送嘎几扛热然谷叉图公。

Songx giax jid gangb reib rab guob chad tux gongt.

告见列扛莎单，

Gaod jianb lieb gangb sax dand,

送嘎列扛莎送。

Songx giax lieb gangb sax songx.

剖扑列扛麻见，

Pout pub lieb gangb mab jianb,

喂岔列扛麻尼。

Weib chax lieb gangb mab nib.

剖扑列扛莎中，

Bout pub lieb gangb sax zhongd，

喂岔列扛莎见。

Weib chax lieb gangb sax jianb.

告见你到先头，

Gaod jianb nit daox xiand teb,

送嘎炯到木汝。

Songxt giax jiongx daox mub rux.

你气葡剖葡娘，

Nit qit pud pout pud nias,

炯气葡内葡玛。

Jiongx qit pud neid pud max.

你气窝柔斗补，

Nit qit aob rout doub bub,

炯气窝图然冬。

Jiongx qit aob tub rad dongt.

你气冬林夯公，

Nit qit dongt liuongb hangb gongt,

炯气绒善夯踏。

Jiongx qit rongb shait hangb tax.

到边你们要拥我的左边，到来你们要护我的右边。
拥我前边，护我后边。
主持不好帮助主持送好，主祭不到帮助主祭送到。
主持不要主歪主偏，主祭不要主坏主乱。
主持要送得准，主祭要送得灵。
我讲就要得应，我说就要灵验。
我讲就要成功，我说就要作数。
主持坐得长寿，主祭活得长命。
居来光宗耀祖，坐来荣母耀父。
居如古老大岩，坐如古老大树。
居如大川大坝，坐如高山大地。

火炉边中柱下敬家祖的摆设

后　记

　　笔者在本家32代祖传的丰厚资料的基础上，通过50多年来对湖南、贵州、四川、湖北、重庆等五省市及周边各地苗族巴代文化资料挖掘、搜集、整理和译注，最终完成了这套《湘西苗族民间传统文化丛书》。

　　本套丛书共7大类76本2500多万字及4000余幅仪式彩图，这在学术界可谓鸿篇巨制。如此成就的取得，除了本宗本祖、本家本人、本师本徒、本亲本眷之人力、财力、物力的投入外，还离不开政界、学术界以及其他社会各界热爱苗族文化的仁人志士的大力支持。首先，要感谢湖南省民族宗教事务委员会、湘西州政府、湘西州人大、湘西州政协、湘西州文化旅游广电局、花垣县委、花垣县民族宗教事务和旅游文化广电新闻出版局、吉首大学历史文化学院、吉首大学音乐舞蹈学院、湖南省社科联等各级领导和有关工作人员的大力支持；其次，要感谢中南大学出版社积极申报国家出版基金，使本套丛书顺利出版；再次，要感谢整套丛书的苗文录入者石国慧、石国福先生以及龙银兰、王小丽、龙春燕、石金津女士；最后，还要感谢苗族文化研究者、爱好者的大力推崇。他们的支持与鼓励，将为苗族巴代文化迈入新时代打下牢固的基础、搭建良好的平台；他们的功绩，将铭刻于苗族文化发展的里程碑，将载入史册。《湘西苗族民间传统文化丛书》会记住他们，苗族文化阵营会记住他们，苗族的文明史会记住他们，苗族的子子孙孙也会永远记住他们。

浩浩宇宙，莽莽苍穹，茫茫大地，悠悠岁月，古往今来，曾有我者，一闪而过，何失何得？我们匆匆忙忙地从苍穹走来，还将促促急急地回到碧落去，当下只不过是到人世间这个驿站小驻一下。人生虽然只是一闪而过，但我们总该为这个驿站做点什么或留点什么，瞬间的灵光，留下这一丝丝印记，那是供人们记忆的，最后还是得从容地走，而且要走得自然、安详、果断和干脆，消失得无影无踪……

编　者

2020 年 11 月

图书在版编目(CIP)数据

苗师通鉴. 第四册 / 石寿贵编. —长沙：中南大
学出版社，2020.11

(湘西苗族民间传统文化丛书. 二)
ISBN 978 – 7 – 5487 – 4221 – 0

Ⅰ.①苗… Ⅱ.①石… Ⅲ.①苗族－祭文－民族文化
－介绍－湘西土家族苗族自治州 Ⅳ.①K892.29

中国版本图书馆 CIP 数据核字(2020)第 200157 号

苗师通鉴(第四册)
MIAOSHI TONGJIAN(DI-SI CE)

石寿贵　编

□责任编辑	陈应征	
□责任印制	易红卫	
□出版发行	中南大学出版社	
	社址：长沙市麓山南路	邮编：410083
	发行科电话：0731 – 88876770	传真：0731 – 88710482
□印　　装	湖南省众鑫印务有限公司	

□开　　本	710 mm×1000 mm 1/16　□印张 20.5　□字数 470 千字	
□版　　次	2020 年 11 月第 1 版　□2020 年 11 月第 1 次印刷	
□书　　号	ISBN 978 – 7 – 5487 – 4221 – 0	
□定　　价	208.00 元	